있는 그대로 카타르

나의 첫 다문화 수업 07

있는 그대로 카타르

초판 1쇄 발행 2022년 11월 10일
2판 1쇄 발행 2024년 1월 20일

지은이 이세형

기획 · 편집 도은주, 류정화
미디어 마케팅 박관홍
표지 일러스트 엄지

펴낸이 윤주용
펴낸곳 초록비책공방

출판등록 2013년 4월 25일 제2013-000130
주소 서울시 마포구 월드컵북로 402 KGIT 센터 921A호
전화 0505-566-5522 팩스 02-6008-1777

메일 greenrainbooks@naver.com
인스타 @greenrainbooks
블로그 http://blog.naver.com/greenrainbooks
페이스북 http://www.facebook.com/greenrainbook

ISBN 979-11-91266-62-7 (03910)

어려운 것은 쉽게 쉬운 것은 깊게 깊은 것은 유쾌하게

초록비책공방은 여러분의 소중한 의견을 기다리고 있습니다.
원고 투고, 오탈자 제보, 제휴 제안은 greenrainbooks@naver.com으로 보내주세요.

있는 그대로 카타르

이세형 지음

초록비책공방

카타르를 보면 중동이 보인다

처음 중동 땅을 밟았을 때는 13년 전의 일이지만 아직도 기억이 생생하다. 2009년 6월 21일 토요일에서 막 일요일로 넘어가는 자정 직후 인천국제공항에서 아랍에미리트 토후국 중 하나인 두바이로 향하는 에미레이트항공에 올랐다. 중동, 정확히는 카타르와 아랍에미리트로 출장을 떠났다.

〈동아일보〉 경제부에서 건설사 취재를 담당하고 있던 때였다. 입사한 지 만 4년이 채 안 된 '주니어' 기자였다. 당시 고유가로 국가 재정에 여유가 생겼던 카타르와 아랍에미리트는 다양한 대형 건설 및 개발 프로젝트를 발주하고 있었다. 그리고 이 나라들이 발주한 프로젝트를 현대건설, GS건설, 대우건설, 삼성엔지니어링 같은 한국의 메이저 건설사가 대거 수주했다. 이런 해외 건설 경기 붐을 취재하기 위해 중동 땅을 밟았다.

두바이를 거쳐 카타르의 수도 도하에 도착했다. 중동 '땅' 기준으로는 아랍에미리트를 가장 먼저 밟았다. 하지만 중동 나라에 '정식으로 입국한' 기준으로는 카타르가 가장 먼저였다. 이렇게 카타르와의 특별한 인연은 시작되었다.

처음 카타르를 방문한 것은 2009년 6월이었지만 카타르라는 존재를 알게 된 건 1991년 말에서 1992년 초였다. 정확한 시기는 기억이 가물가물하지만 아무튼 한겨울이었다. 1992 바르셀로나올림픽 아시아 축구 최종 예선 토너먼트가 말레이시아에서 한창 진행될 때였다.

세 장의 올림픽 출전권을 놓고 한국, 일본, 중국, 카타르, 바레인, 쿠웨이트가 경쟁을 펼쳐 결국 카타르, 한국, 쿠웨이트 순으로 올림픽 출전권을 따냈다. 당시 한국에게 유일한 패배를 안겨준 팀이 바로 카타르다. 축구를 좋아했던 나는 당시 이름도 생소한 카타르라는 나라가 '아시아 최강' 한국을 이겼다는 게 신기했다. 그렇게 카타르라는 나라는 나에게 강렬한 이미지를 남겼다.

한국 건설사들의 활발한 프로젝트 수주와 축구(2022 카타르 월드컵 포함) 외에도 카타르에 관심을 가져야 할 이유는 많다. 무엇보다 카타르는 자원, 안보, 경제, 문화, 교육 등 다양한 분야의 국제 이슈와 밀접한 연관이 있는 나라일 뿐 아니라 여러 분야에서 일정 수준 이상의 영향력을 발휘하고 있다. 우리가 아직 잘 모르기도 하고 작은 나라이지만 국제 이슈를 공부하고 이해하는 과정에서 자주 등장한다. 그렇기 때문에 국제 이슈에 관심이 있다면 카타르는 공부할 가치가 있는 나라이다.

한국은 중동은 물론 국제 사회, 특히 우리나라와 거리가 떨어진 지역에 대한 관심이 매우 부족한 편이다. 2022년 4월, 러시아의 침공을 비난하고 지원을 요청하는 볼로디미르 젤렌스키*Volodymyr Zelensky* 우크라이나 대통령의 국회 화상 연설이 썰렁한 가운데 진행되었다는 것만 봐도 잘 드러난다. 당시 한국 국회 의원 300명 중 50~60명 정도만 화상 연설을 들었는데 다른 나라에서는 국회 의원 전원이 참석하다시피 해 더욱 비교되었다.

중동에 대한 관심도 그 중요성이나 연관성에 비해 부족하다. 더구나 중동 주요국이기도 한 카타르에 대한 관심은 많이 부족한 실정이다. 사우디아라비아, 아랍에미리트, 이란, 튀르키예•, 이집트같이 그래도 중동에서 '큰 나라' 혹은 '오래된 나라'로 인정받는 나라들과 비교했을 때 그렇다. 서점에서 '카타르'라는 단어로 도서를 검색해보면 '카타르시스'와 관련된 책이 더 많이 뜬다.

카타르는 경제, 외교, 문화에서 독특한 특성을 가진 나라이다. 해외 유명 미디어에서 카타르 관련 기사를 많이 찾아볼 수 있는 이유이기도 하다. 카타르에서는 중동, 나아가 글로벌 차원의 변화와 갈등이라고 할 만한 이슈가 다양하게 펼쳐진다. 이는 카타르가 중동 정세와 국제 정세를 관찰하기에 작지만 적합한 나라라는 뜻이다.

카타르를 통해 모든 중동 이슈를 이해할 수는 없다. 하지만 카타르는 복잡한 중동 이슈를 이해하는 데 도움이 되는 특징을 다양하게 갖추었다. 그만큼 잘 살펴볼 가치가 있는 나라라

• 터키는 영문 나라 표기를 'Türkiye(튀르키예)'로 바꾸겠다는 요청을 유엔에 했고, 유엔은 2022년 6월 30일 이를 승인했다. 한국 정부도 이때부터 공식적으로 터키를 '튀르키예'라고 표기하고 있다.

는 이야기이다.

2016~2017년 〈동아일보〉 국제부에서 활동하며 평소 관심 있던 중동 이슈와 관련된 기사를 마음껏 썼다. 당시 중동에는 이슬람국가(IS)의 테러와 만행, 미국과 이란 간 갈등, 카타르 단교 사태, 주이스라엘 미국대사관의 예루살렘 이전 같은 큰 국제 이슈가 넘쳐났다. 이 시기 〈동아일보〉 국제부 데스크들도 중동 이슈의 중요성을 잘 아는 분들이어서 평소보다 중동 기사가 중요하게 다뤄졌다.

개인적으로는 '중동 특파원'(이집트 카이로에 주재하기 때문에 정식 명칭은 카이로 특파원)에 대한 관심이 더욱 커졌고 중동을 제대로 현장에서 공부해보고 싶다는 생각도 더욱 강해졌다. 그래서 카이로 특파원으로 활동하기 전 '중동 공부'를 위해 카타르의 유명 인문사회과학 계열 연구소이며 싱크탱크로도 명성이 높은 아랍조사정책연구원●의 방문연구원으로 2018년 7월, 1년

● 아랍조사정책연구원이 설립한 대학원 대학(학부 과정은 없고 대학원만 있는 교육 기관)인

간 연수를 떠났다. 그리고 연수를 마친 뒤 곧바로 카이로 특파원으로 부임했다. 특파원으로 활동하는 동안 카타르에서 공부하고 경험한 내용을 바탕으로 적극적으로 현장을 누볐다. 이를 통해 단순한 사건 발생 기사가 아닌 중동 이슈를 심층적으로 다룰 수 있는 기획 기사와 분석 기사를 쓰려고 노력했다. 카타르에서의 연구와 경험이 카이로 특파원을 하면서 좋은 기사를 쓰는 데 훌륭한 영양분이 되었음은 물론이다.

카타르를 선택했던 이유는 많았다. 가장 큰 이유는 카타르에서 다양한 국제 이슈가 발생하고 있었기 때문이다. 특히 당시 카타르는 단교 사태를 겪으며 전대미문의 외교 갈등이 벌어지는 '이슈의 중심지'였다. 기자는 갈등과 변화를 관찰하고 취재하는 데 관심이 갈 수밖에 없다.

2022 월드컵을 준비하며 나라 전체가 달라지고 있다는 점

도하인스티튜트도 있다. 상대적으로 도하인스티튜트라는 말이 더 간단명료하다 보니 현지에서는 아랍조사정책연구원도 도하인스티튜트로 부르기도 한다. 아랍조사정책연구원과 도하인스티튜트는 같은 캠퍼스에 있고 교류도 매우 활발하다.

도 기자의 관찰 욕구를 자극했다. '중동의 CNN'으로 통하는 미디어 기업 알자지라, '중동의 아이비리그'로 불리는 에듀케이션시티 같은 지식 산업 인프라가 잘 갖추어져 있다는 것도 카타르에 매력을 느낀 이유이다.

카타르에 있을 때 정식 신분은 방문연구원이었지만 '동아일보 도하 특파원'이라는 마음가짐으로 하루하루를 보냈다. 또 기회가 있을 때마다 기사를 썼다. 특히 〈동아일보〉에서 발행하는 시사 잡지 〈주간동아〉에는 '이세형의 도하일기'라는 코너를 마련해 정기적으로 카타르를 중심으로 한 중동 이슈 기사를 썼다.

기자로서 가장 잘한 게 무엇이냐고 묻는다면 "국제 이슈, 특히 그중에서도 중동이라는 확실한 전문성이 있는 분야를 제대로 취재하고 공부했다는 점이다."라고 답할 것이다. 그리고 "중동에서 활동한 2년 중 전반부를 카타르, 후반부를 이집트에서 보낸 것이다."라고 말하고 싶다. 여러 분야에서 다양하고 독특한 특성을 지닌 카타르와 중동 문화·역사의 중심지인 이집트를 동시에 경험했기 때문이다. 좀 더 직설적으로는 최근 중동에서 가장 빠르게 성장하며 많은 주목을 받는 나라 중 하나인 카타르(작지만 빠르게 도약 중인 나라), 고대 문명의 발상지였지만 정치 경제적으로 큰 어려움을 겪고 있는 이집트(대국이지만 흔들리고 있는 나라)를 동시에 경험했다. 그럼으로써 상황과 배경이 다른 중동의 중요한 두 나라를 비교해가며 중동의 다양한 모습과 변화를 엿볼 수 있었다.

현실적으로 중동의 모든 나라에 대해 자세히 알아보기는 힘들다. 하지만 '세계시민' 혹은 '글로벌한 사람'이 되기를 희망한다면 국제 이슈의 중심지인 중동에 대한 지식을 어느 정도 갖추어야 한다고 생각한다. 그리고 카타르는 이런 중동에 대한 지식을 넓히는 데 도움이 되는 좋은 '케이스 스터디' 대상이 될 수 있다.

지적 호기심과 열정이 낳은
카타르에 대한 남다른 애정

김창모 주알제리 대사(前 주카타르 대사)

'카타르'라고 하면 사람들은 2006 도하아시안게임이나 곧 열릴 2022 카타르월드컵을 떠올릴 것이다. 카타르에 대해 약간의 지식이 있는 사람이라면 천연가스와 석유 수출로 작지만 잘 사는 나라, '중동의 CNN'으로 불리는 방송사 알자지라가 있는 나라 정도로 생각할 것이다.

대한민국을 대표하는 공관장으로서 카타르에서 2018년부터 2021년까지 3년 동안 근무할 기회를 가졌던 나는 카타르라고 하면 여러 가지가 떠오른다. 가장 먼저 떠오르는 것은 재임 기간 중 만났던 친절하고 따뜻한 마음을 가진 카타르 사람들이다. 발전소, 고속도로 등 다양한 건설 현장에서 땀 흘리며 일하던 우리 기업 관계자들의 모습도 떠오른다. 동료 외교관들과 함께 사막 한가운데에서 '사막장미'를 채취하던 특별한 경험도 좋은 추억으로 남아 있다.

외교관으로서 '중동의 대표적인 강소국'으로 도약하고 있는 카타르의 다채로운 모습도 인상적이었다. 카타르는 우리나라 경기도만 한 크기의 작은 나라이지만 액화천연가스 수출과 1인당 국민소득에서 세계 최상위권에 있는 미래가 밝은 나라이다. 걸프협력회의 국가 중 사우디아라비아, 아랍에미리트 등과는 다른 독자적인 목소리를 내고 있다는 점만 봐도 놀랍지 않을 수 없다. 또한 이란, 튀르키예, 사우디아라비아, 아랍에미리트 등 주변 강대국들 틈에서 생존, 나아가 성장을 위해 치열하게 외교력을 전개한다는 면에서 한국과도 많이 닮았다.

1979년 이란 혁명 이후 왕정 체제 보호를 위해 1981년 출범한 걸프협력회의 국가들 안에서 카타르는 초기에는 대외정책의 상당 부분을 걸프협력회의 회원국인 사우디아라비아, 아랍에미리트, 쿠웨이트, 오만, 바레인 등과 함께했다. 하지만 1990년대 타밈 빈 하마드 알사니 현 국왕의 부친인 하마드 빈 칼리파 알사니 국왕이 집권하면서 걸프협력회의 국가들과는 다른 외교 전략을 구사하기 시작했다. 또 천연가스 생산을 본격화하면서 걸프협력회의 국가 중에서는 물론이고 세계적으로도 국가 위상이 급속히 높아졌다.

우리가 주목해야 할 카타르의 특징은 많다. 카타르는 왕정 국가이면서도 지난 한 세대 동안 가장 역동적인 발전을 이룩한 나라이다. 또한 세계에서 가장 영향력 있는 언론 중 하나로 꼽히는 방송사를 가진 나라이기도 하다. 세계에서 가장 젊은 지도자 중 한 사람이 리더십을 발휘하는 젊은 나라이며, 국가 수입의 대부분이 천연가스와 석유에서 나오지만 산업 다각화 노력과 전략적인 투자를 통해 건실한 경제 구조를 꾸준히 만들어 나가고 있는 미래가 밝은 나라이기도 하다.

이세형 기자는 내가 주카타르 한국대사로 근무하던 당시 아랍조사정책연구원에서 1년간 방문연구원으로 활동했다. 그래서 그의 중동에 대한 취재와 연구도 가까이에서 지켜볼 수 있었다. 이 과정에서 중동에 대한 그의 왕성한 지적 호기심과 열정도 잘 알게 되었다. 그동안 이세형 기자가 작성한 카타르와 중동에 대한 다양한 기사와 2020년 12월에 발간한《중동 라이벌리즘》은 이런 호기심과 열정의 결과물일 것이다.

특히 그의 카타르에 대한 남다른 애정은 카타르에서 얻은 아들 이름을 '도하'로 지은 사실만 봐도 잘 알 수 있다. 이세형 기자와 카타르의 특별한 인연을 알기에 《있는 그대로 카타르》가 무척 기대된다. 한국에는 카타르에 대한 종합적인 정보를 담은 책이 거의 없다시피 한데 이 책이 카타르에 관한 관심을 키우는 좋은 입문서가 되기를 기대한다. 이세형 기자의 중동과 카타르에 대한 취재와 연구가 앞으로도 더욱 깊어지고 많은 결실을 맺기를 기원한다. 또 한국에서 더 많은 사람, 특히 젊은 세대가 카타르에 관심을 가지는 모습을 기대해본다.

2부 카타르 사람들의 이모저모

3부 역사로 보는 카타르

퀴즈로 만나는
카타르

카타르에 대한 가장 기본적인 정보를 퀴즈를 통해 알아보자.
정답을 맞히지 못하더라도 퀴즈를 풀다 보면 카타르에 대한
호기심이 조금씩 생길 것이다.

Q1.

카타르는 중동에서 지역 패권을 놓고 경쟁 중이며 이슬람 종파(수니파, 시아파)의 종주국임을 내세우는 두 나라 사이에 위치해 있다. 이 두 나라는 어디일까?

❶ 사우디아라비아 ❷ 아랍에미리트
❸ 튀르키예 ❹ 이스라엘 ❺ 이란

Answer. ❶ 사우디아라비아 ❺ 이란

카타르는 이슬람 수니파 종주국인 사우디아라비아와 시아파 종주국인 이란 사이에 있는 반도 국가이다. 사우디아라비아는 아랍의 대표 국가로 국왕이 중심이 되는 정치 체제와 미국과 가까운 외교 전략을 구사하고 있다. 반면 이란은 아랍이 아닌 페르시아에 뿌리를 두고 있고 최고 종교 지도자(시아파 성직자)와 대통령이 중심이 되는 정치 체제를 갖추고 있다. 또 북한과 더불어 국제 사회의 대표적인 반미 국가로 꼽힌다.

Q2.

카타르가 가장 많이 보유하고 있는
천연자원은 무엇일까?

❶ 셰일가스 ❷ 석유 ❸ 천연가스 ❹ 우라늄 ❺ 석탄

Answer. ❸ 천연가스

영국의 에너지 기업인 BP에 따르면 2020년 기준 카타르는 세계에서 러시아, 이란 다음으로 많은 천연가스를 보유한 나라이다. 석유의 경우 세계에서 14번째로 많이 보유하고 있다. 한국에서도 많이 사용하는 액화천연가스 수출에서는 세계 1, 2위를 다툰다.

● 천연가스 시추 시설

Q3.

카타르의 국제적인 교육 연구 특구인
에듀케이션시티에 들어와 있지 않는
대학은 어디일까?

❶ 조지타운대 ❷ 노스웨스턴대 ❸ 카네기멜런대
❹ 스탠퍼드대 ❺ 코넬대

Answer. ❹ 스탠퍼드대

조지타운대, 노스웨스턴대, 카네기멜런대, 코넬대는 에듀케이션시티에 캠퍼스를 설치해 교육과 연구를 진행하고 있다. '중동의 아이비리그'라고 불리는 에듀케이션시티에는 미국 명문대 여섯 개, 유럽 명문대 두 개의 캠퍼스가 있다. 카타르 사람들은 "이렇게 많은 미국과 유럽 명문대 캠퍼스가 한곳에 있는 경우는 전 세계 어디에도 없다"고 강조한다.

● 에듀케이션시티 전경

Q4.

카타르는 다양한 나라와
군사 협력을 맺고 있다.
카타르에 군대를 파병한
두 나라는 어디일까?

❶ 미국 ❷ 튀르키예 ❸ 사우디아라비아
❹ 이란 ❺ 이집트

Answer. ❶ 미국 ❷ 튀르키예

미국과 튀르키예가 카타르에 군대를 파병했다. 특히 카타르의 미군 기지는 미국 밖에 위치한 미 공군 기지 중 규모가 가장 큰 축에 속한다. 튀르키예 군대는 튀르키예가 사우디아라비아, 이란과 더불어 중동에서 가장 영향력이 크고 지역 패권 국가를 지향하는 나라라는 점 때문에 주목을 받고 있다.

● 국경일 행사 때 행진하는 카타르 군대

Q5.

다음 중 카타르에서
열렸거나 열릴 예정인
스포츠 대회가 아닌 것은?

❶ 올림픽 ❷ 아시안게임 ❸ 월드컵
❹ 아랍컵 ❺ 세계육상선수권대회

Answer. ❶ 올림픽

카타르는 아랍권, 나아가 중동 국가 중에서 가장 적극적으로 국제 스포츠 대회를 유치하고 있는 나라로 꼽힌다. 국제 스포츠 대회 유치가 국가 브랜드를 높이는 데 도움이 되고 자국민의 건강한 삶에 대한 관심도 높인다고 보기 때문이다. 카타르는 아랍 나라 중 처음으로 아시안게임(2006년)과 월드컵(2022년)을 유치했다. 아랍컵 축구대회와 세계육상선수권대회 역시 유치했다. 또 2030년 아시안게임도 유치해 중동 나라 중에서는 유일하게 아시안게임을 두 번 열게 되었다. 그러나 아직 올림픽은 유치하지 못했다.

● 2019년 아시안컵 우승 뒤 기뻐하는 카타르 국가 대표 팀

1부

마르하반!
카타르

영혼은 낙타의 속도로 움직인다.

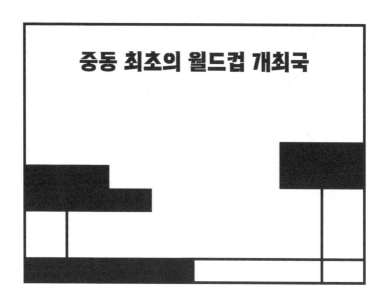

중동 최초의 월드컵 개최국

2022 카타르월드컵의 특별함

　중동의 작은 나라 카타르가 2022 월드컵을 유치하겠다고 나섰을 때 많은 사람이 의아해했다. 카타르처럼 작은 나라가 월드컵 유치에 나선 적이 없고 스포츠 강국도 아니었기 때문이다. 더구나 카타르는 월드컵에 한 번도 출전해본 적이 없을 뿐 아니라 올림픽이나 아시안게임 같은 대형 국제 스포츠 대회에서 눈에 띄는 성과를 낸 적도 없다.

　그러다 보니 월드컵 유치 경쟁에 다소 특이한 나라가 뛰어들었다는 정도의 이미지만 있었다. 그러나 카타르는 막대한

● 카타르월드컵 카운트다운 이벤트

'가스머니'●를 바탕으로 적극적인 홍보와 로비에 나섰다. 이 과정에서 중동 및 아랍권 최초의 월드컵, 하루에 안정적으로 두 개 이상의 경기를 직접 관람할 수 있는 지리적 특성●, 최초의 겨울 월드컵(2022년 11월 20일~12월 18일) 같은 특별함을 내세우며 파격적인 계획을 강조했다. 그 결과 카타르는 한국, 미국, 일본, 오스트레일리아 등 쟁쟁한 경쟁 상대를 물리치고 2022 월드컵 개최지로 선정되었다.

2022 카타르월드컵 때 한국은 우루과이, 가나, 포르투갈과

● 카타르의 주력 수출품인 천연가스로 벌어들인 돈
● 통상 월드컵은 개최국의 여러 도시에서 치러지기 때문에 하루에 한 경기 이상 직접 관람이 어려운 경우가 많다.

같은 조였다. 우리과이와 비기고, 가나에 패해 16강 진출이 매우 어려웠지만 우승 후보권 나라로 분류된 포르투갈을 2대 1로 누르고 한국은 기적적으로 16강 진출에 성공했다. 반면 카타르는 네덜란드, 세네갈, 에콰도르와 같은 조였는데 한 경기도 이기지 못했다. 월드컵 개최국이 단 한 경기도 이기지 못한 건 처음이다. 경기 내용도 아쉬웠다.

중동 정세에 관심 있는 사람들 사이에서는 카타르월드컵에 중동의 지역 강국이며 라이벌 관계에 있는 사우디아라비아와 이란이 참가한다는 사실도 흥미로운 점으로 꼽힌다. 카타르는 사우디아라비아와 이란 사이에 위치해 있다. 카타르 사람 중에는 조상이 사우디아라비아에서 이동해온 경우도 많다. 그런 만큼 사우디아라비아 사람과 결혼했거나 친척 관계인 사람도 꽤 많다. 또 카타르는 이란과도 지리적으로 가까워 이란 사람도 많이 거주하고 있다. 카타르에는 이란 음식점이 많고 이란산 식자재와 공예품 등을 파는 전통 시장도 있다.

튀르키예가 본선에 진출했더라면 2022 카타르월드컵은 중동에서 가장 영향력이 큰 세 나라가 모두 참여하는 월드컵이 되었을 것이다. 그리고 세 나라 모두와 긴밀한 관계를 맺고 있는 카타르에서 열리는 월드컵이라는 점 때문에 더 많은 주목을 받았을 수 있다.

2022 카타르월드컵은 술과 관련해서도 화제가 됐다. 카타르는 이슬람교에서 금지하는 술을 일부 호텔과 식당에서는 허용

하고 있다. 사실상 카타르에 거주하는 외국인들에게만 제한적
으로 허용하는 셈이다.

당초 카타르 정부는 국제적인 스포츠 축제인 월드컵을 맞아
좀 더 유연하게 대처할 방침이었다. 기존에 술 판매가 허용되
는 일부 호텔과 식당 외에도 월드컵 경기장 근처에 특정 공간
을 마련해 저녁 시간대(오후 6시 30분부터 다음 날 새벽 1시까지)에
술을 즐길 수 있도록 하는 방안을 검토했다. 그러나 최종적으
로 야외 음주는 허용하지 않았다. 카타르를 찾은 축구팬들과
주류 회사들에게는 큰 충격이었다. 또한 카타르는 월드컵 기
간에는 단순 관광을 위해 방문하는 외국인의 입국을 제한했다.
공무나 사업 목적이 아니라면 월드컵 경기 관람을 위해 카타르
를 찾는 외국인에게만 입국을 허용한다는 방침이었다.

한편 2022 카타르월드컵에서는 카타르 현지 경찰과 군대
뿐 아니라 튀르키예, 파키스탄, 모로코, 스위스 같은 나라의 인
력을 유치해 치안을 관리했다. 술 못지않게 치안 관리도 화제
가 됐다.

아랍 문화를 모티브로 한 경기장

카타르는 월드컵 유치가 결정된 뒤 총 여덟 개의 대형 경기
장을 세웠다. 경기도만 한 크기의 나라에 4만 명 이상을 수용할

● 아랍 천막을 모티브로 삼은 알바이트경기장

수 있는 대형 경기장 여덟 개가 생긴 것이다. 카타르에 세워진 월드컵 경기장들은 각각 독특한 디자인으로 주목을 받고 있다. 또한 카타르의 축구 경기장에선 에어컨이 시원하게 나온다.

그중 개막식이 열린 알바이트경기장은 아랍 유목민의 천막을 모티브로 세워졌다. 얼핏 보면 대형 천막 같다. 현지에서는 '세계에서 가장 큰 천막'으로도 불린다. 개막식에선 BTS 멤버 정국이 축하 공연을 펼쳤다. 그만큼 카타르에서 한국의 위상이 높고, 한국 대중문화가 많은 주목을 받고 있다는 뜻이다. 결승전이 열린 루사일경기장은 아랍 전통 램프와 그릇을 디자인 모티브로 삼았다. 아랍 남성이 쓰는 전통 모자 '가피야'를 테마로 디자인한 알투마마경기장도 현지에서 주목을 받고 있다. 한국

● 아랍 남성들의 전통 모자를 모티브로 삼은 알투마마경기장

● 월드컵 결승전이 열린 루사일경기장

● 한국 국가 대표 팀의 예선전 경기가 열린 에듀케이션시티경기장

국가 대표 팀은 예선전 세 경기를 모두 에듀케이션시티경기장
에서 치렀다.

친환경, 저비용 경기장, 스타디움974

월드컵 경기장 중 가장 큰 화제를 불러 모았던 경기장은 수
백 개의 컨테이너 상자를 쌓는방식으로 만든 '스타디움974'이
다. 한국이 16강 전에서 브라질에게 4대 1로 패한 경기장이다.
바닷가 근처에 지어진 이 경기장은 카타르의 무역과 해양에 대
한 관심을 상징한다. 숫자 974는 카타르의 국가 전화번호이다.
스타디움974가 유명세를 탄 것은 무엇보다 해체가 쉽다는 점

● 스타디움974

때문이다. 경기장을 만들 때부터 언제든 해체할 수 있다는 것을 강조했다. 친환경, 저비용 경기장이라는 뜻이다.

긍정적 국가 브랜드 이미지에 스포츠를 활용

카타르는 비록 스포츠 강국은 아니지만 스포츠에 대한 투자를 열심히 해온 나라로서 국제 스포츠 이벤트에 관한 관심이 많다. 아시안게임도 2006년 아랍권 국가 중 처음으로 유치했다. 또 2030 아시안게임도 유치해놓은 상태이다. 서남아시아, 중동권 국가 중 아시안게임을 두 차례 이상 유치한 나라는 카

● 2006 도하아시안게임 개막식

타르가 유일하다. 아시안게임을 유치해본 경험이 있는 나라도 이란(1974년)과 사우디아라비아(2034년 예정)뿐이다. 카타르 못지않게 중동에서 적극적으로 개혁과 개방에 나섰고 '허브 국가' 이미지가 강한 아랍에미리트*UAE, United Arab Emirates*●도 아시안게임을 유치한 적은 없다.

카타르는 국제적인 스포츠 경기 유치가 국가 브랜드 이미지에 긍정적인 영향을 준다고 생각한다. 자국 내 프로 축구 리그의 수준 자체는 높다고 보기 힘들지만 파격적인 지원으로 세

● 아부다비, 두바이, 샤르자, 아즈만, 움알쿠와인, 라스알카이마, 푸자이라 일곱 개의 토후국으로 이루어진 나라이다.

계적인 명성을 지닌 선수들을 대거 유치해왔다.

특히 세계적인 스타 플레이어들을 은퇴 직전 영입하는 전략으로 큰 화제가 되었다. 스페인 출신의 사비 에르난데스*Xavi Hernandez*와 가비 페르난데스*Gabriel Fernandez* 같은 경우가 대표적이다. 한국 축구 선수 중에도 정우영, 남태희, 구자철, 이정수 등이 카타르 리그에서 활동했다.

카타르는 유럽 프로 축구 빅 리그● 중 하나로 꼽히는 프랑스 프로 축구 리그인 '리그1(리그앙)'에서도 영향력이 큰 나라이다. 카타르투자청의 자회사인 스포츠 투자 전문 회사 카타르스포츠인베스트먼트*QSI, Qatar Sports Investment*가 리그1의 가장 유명한 팀인 파리 생제르맹 FC의 최대 주주이기 때문이다. 파리 생제르맹 FC에는 리오넬 메시*Lionel Messi*, 킬리안 음바페 *Kylian Mbappe*, 네이마르*Neymar* 같은 월드 스타들이 뛰었거나 뛰고 있다. 한국의 차세대 월드스타로 꼽히는 이강인도 현재 이팀에서 뛰고 있다.

● 통상 잉글랜드, 스페인, 독일, 이탈리아, 프랑스 1부 리그를 의미한다.

2022 카타르월드컵
마스코트 라이브와 공인구 알 릴라

2022 카타르월드컵의 마스코트는 '라이브*La'eeb*'이다. 라이브는 2022년 4월 2일 도하에서 열린 월드컵 조 추첨 행사 때 처음 공개되었다. 라이브는 아랍어로 '매우 뛰어난 기술을 지닌 선수'라는 뜻이다. 아랍 남성들이 입는 전통

● 2022 카타르월드컵 마스코트 라이브

의상인 토브와 구트라를 착용하고 있다.

카타르와 아랍 문화를 동시에 표현했다는 것이 재미있다. 무엇보다 라이브가 쓰고 있는 구트라 뒤편에는 검은색 긴 띠가 여러 개 달려 있는데 이는 토브와 구트라를 착용할 때 카타르 남성들이 선호하는 '카타르 스타일'을 담아낸 것이다. 카타르 남성들은 구트라 뒤편에 검은색 긴 띠를 다는 것을 선호한다. 다만 카타르 측은 이런 특징을 공식적으로 설명하지는 않았다.

라이브는 자유롭게 날아다니는 형태로 축구로 인해 생기는 기쁨을 전달하고자 했다. 라이브가 공개된 뒤 SNS에서는 '재미있다', '개성 있다', '독특하다', '어린이용 애니메이션의 캐릭터 같다'라는 반응이 나왔다. 하얀

● 2022 카타르월드컵 공인구 알 릴라

옷인데다 자유롭게 날아다닌다는 점 때문에 '꼬마 유령 캐릭터 같다'라는 반응도 나왔다.

2022 카타르월드컵의 공인구는 아디다스가 개발한 '알 릴라Al Rihla'이다. 아랍어로 '여행', '여정'을 의미한다. 아디다스는 카타르의 건축물, 국기, 전통 배 등에서 영감을 얻어 알 릴라를 디자인했다고 밝혔다.

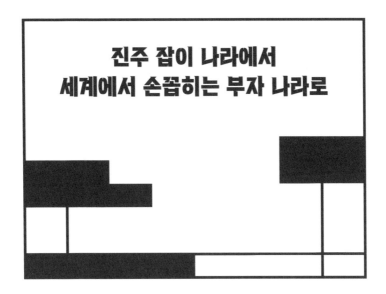

진주 잡이 나라에서 세계에서 손꼽히는 부자 나라로

축복받은 사막 위에 세워진 카타르

거칠고 황량한 사막, 극단적으로 덥고 습한 날씨….

카타르는 겉모습만 보면 매우 척박하다. 심하게 표현하면 저주받은 모래땅이라고 해도 과언이 아니다. 과거 카타르 내륙에는 일부 유목민만 거주했다. 수도인 도하 지역을 중심으로 바닷가에는 진주를 캐고 물고기를 잡는 어민과 상인이 주로 살았다. 경제적으로나 문화적으로 넉넉하기 힘든 구조였다. 실제로 주요 생산품 역시 물고기와 진주가 주를 이루었다. 그리고 이마저도 다른 지역에 비해 특별히 풍족하다고 보기 어려웠다.

그러나 이제는 누구도 카타르의 척박한 자연환경을 보고 저주받았다고 말하지 않는다. 오히려 카타르를 '축복받은 사막 위에 세워진 나라'라고 평가한다. 카타르의 땅과 인근 바다에 '특별한 황금'이 가득 묻혀 있기 때문이다.

영국의 글로벌 에너지 기업인 BP의 2020년 통계에 따르면 카타르는 세계에서 세 번째로 천연가스를 많이 보유한 나라이다. 천연가스 매장량은 24.7조m^3로 러시아와 이란 다음으로 많다. 석유 역시 천연가스보다는 적지만 만만치 않은 수준이다. BP 통계에 따르면 2020년 기준 카타르의 석유 매장량은 252억 배럴로 세계 14위 수준이다. 천연가스와 석유 모두가 많이 생산되는 것이다. 땅의 크기를 감안하면 말 그대로 유전과 가스전 위에 떠 있는 나라라고 해도 과언이 아니다.

카타르는 천연가스, 특히 한국과 일본 등에서 많이 쓰는 액화천연가스LNG 수출에서 세계 1, 2위를 다투고 있다. 실제로 한국에도 카타르산 천연가스가 많이 들어오고 있다. 한국이 수입하는 액화천연가스 중 카타르산이 가장 많은 비중을 차지한다. 또 카타르는 액화천연가스를 효과적으로 수출하기 위해 현대중공업과 삼성중공업 같은 한국 기업이 만든 첨단 액화천연가스 운반선을 대거 구입했다.

천연가스와 석유, 특히 천연가스 판매를 통해 카타르는 세계적인 부자 나라가 되었다. 불과 몇십 년 전만 해도 진주가 주 생산물인 가난한 나라가 이제는 에너지 시장, 나아가 세계 경제에서 주목받는 나라가 된 것이다.

● 카타르 수도 도하에 있는 진주조개 조형물

이제 카타르에서는 과거 가난했던 시절, 즉 물고기와 진주
잡이가 경제의 중심이던 과거의 흔적은 찾아보기 힘들다. 박
물관, 도심 해안가 도로에 세워진 진주조개 조형물, 진주조개
모양으로 만든 인공섬●에서만 과거의 모습을 찾아볼 수 있다.

카타르 부의 원천, 카타르에너지

카타르 경제를 이해하기 위한 핵심 키워드 중 하나는 '카타르

● 외국인들이 주로 거주하고 이용하는 아파트, 호텔, 상업 시설이 자리 잡은 지역

● 카타르에너지 로고

에너지*Qatar Energy*'이다. 카타르에너지는 카타르의 천연가스와 석유를 개발하고 판매하는 국영 에너지 기업이다. 사우디아라비아의 국영 에너지 기업 아람코*Aramco* 같은 회사라고 생각하면 된다.

카타르에너지의 원래 이름은 '카타르석유회사*Qatar Petroleum*'였다. 하지만 2021년 10월 회사 이름을 카타르에너지로 바꾼다고 발표했다. 카타르가 석유보다는 천연가스를 주력으로 삼고 있고 좀 더 다양하고 종합적인 에너지 개발과 연구를 추구하려는 계획 아래 회사 명칭을 바꾼 것이다. 회사의 공식 명칭은 바뀌었지만 여전히 많은 사람이 카타르석유회사라고 부른다.

카타르에너지의 CEO는 사드 알카비*Saad Al-Kaabi*이다. 카타르 내 대표적인 에너지 전문가인 그는 카타르 정부의 에너지부 장관이기도 하다. 카타르의 에너지 정책을 기획하는 정부 부처와 카타르산 에너지(천연가스와 석유)를 개발 및 판매하는 국영 기업을 동시에 이끌고 있다. 사드 알카비는 왕실의 신뢰를 받고 있고 에너지 분야를 중심으로 국왕과도 다양한 의견을 교환할 수 있는 핵심 인사로 꼽힌다.

카타르에너지는 2020년 기준 순이익 79억 달러(약 10조 2,300억

원), 자산 규모 1,160억 달러(약 150조 2,200억 원)에 이르는 우량 기업이다. 당연히 세계 에너지 업계에서도 영향력이 큰 기업으로 꼽힌다.

● 사드 알카비 카타르에너지 CEO

또한 자회사로 여러 기업을 거느리고 있다. 대표적인 자회사로는 에틸렌, 폴리에틸렌 등을 생산하는 종합 석유 화학 회사인 카타르 페트로케미컬이 있다. 카타르비료와 카타르비닐 등도 카타르에너지의 주요 자회사로 꼽힌다.

카타르에너지를 포함해 주요 자회사들은 현지에서 'Q-컴퍼니'라고 불린다.● 회사의 이름 앞에 카타르가 붙기 때문이다.

● 사실은 카타르에너지의 자회사분 아니라 카타르 정부가 설립한 기업들, 즉 카타르 공기업의 대부분이 현지에서는 Q-컴퍼니로 불린다.

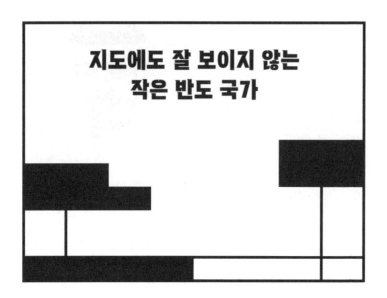

지도에도 잘 보이지 않는 작은 반도 국가

작지만 독특한 나라

중동의 작은 나라 카타르는 인천국제공항에서 비행기를 타고 10시간 조금 넘게 날아가면 도착할 수 있다. 지리적으로 멀다면 멀고 가깝다면 가까운 위치에 있다.

하지만 중동이라는 잘 모르는 지역에 위치해 있다 보니 심리적 거리감이 상당히 느껴진다. 무엇보다 카타르는 중동 나라 중에서도 우리에게 덜 알려진 편이어서 사우디아라비아, 아랍에미리트, 이란, 튀르키예, 이라크 같은 중동의 큰 나라보다 훨씬 덜 익숙하다.

작은 나라이지만 카타르는 독특한 지리적 특성을 지니고 있

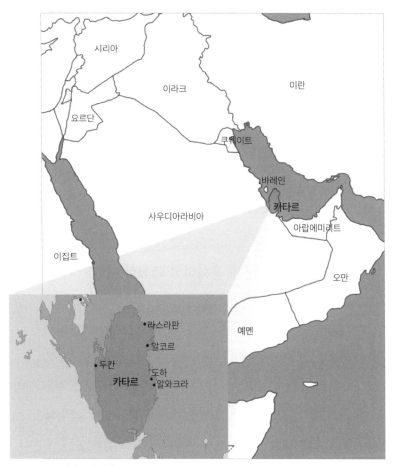

● 카타르의 위치

다. 중동의 대표적인 두 나라, 이슬람교 수니파와 시아파를 대
표하는 사우디아라비아와 이란 사이에 있기 때문이다. 아라비
아반도 맨 동쪽 중간 부분에 살짝 튀어나온 위치에 있으며 국

토 면적은 1만 1,581km^2로 우리나라 경기도와 크기(1만 197km^2)가 비슷하다. 땅으로 국경을 맞대고 있는 나라는 사우디아라비아가 유일하고 이란과는 바다를 두고 인접해 있다.

카타르는 매우 작은 나라이다. 아라비아반도에 있고 종파(이슬람 수니파), 정치(왕정), 경제(석유와 천연가스 중심), 문화 및 언어(아랍어)가 비슷한 여섯 개 나라(사우디아라비아, 아랍에미리트, 카타르, 오만, 쿠웨이트, 바레인) 중 바레인● 다음으로 작다.

고온 다습한 여름, 온화하고 쾌적한 겨울

카타르 국토의 대부분은 사막 지역이다. 날씨는 말 그대로 장난 아니게 덥다. 여름철인 4~10월에는 한낮 기온이 35~45도 정도이다. 50도에 육박하거나 그 이상의 기온을 기록하는 경우도 자주 있다. 사막성 기후에 삼면이 바다로 둘러싸여 있어 습도도 매우 높다. 에어컨이 없다면 여름을 버티기 힘들다. 아니, 불가능에 가깝다고 할 수 있다. 카타르 날씨에 익숙해져도 한여름에 거리를 걷다 보면 "에어컨이 없던 시절 이런 곳에 사람이 살 수 있었을까?"라는 말이 절로 나온다.

카타르에는 아라비아반도 곳곳에서 발견되는 대규모 고대 유

● 바레인은 정확히는 아라비아반도가 아닌 인근 바다에 위치해 있는 섬나라이다.

적지뿐 아니라 눈에 띄는 고대 건축물도 거의 없다. 그것만 봐도 사람이 안정적으로 살기 힘든 땅이었다는 것을 알 수 있다.

카타르의 지리적 특성으로 인해 고대 카타르 지역에서는 교역이 활발하게 이루어졌다. 하지만 화려한 문명이나 풍족한 생활을 하는 데는 한계가 있었다. 때문에 수도인 도하를 중심으로 일부 지역에만 사람들이 거주했다.

반면 카타르의 겨울(12~2월)은 온화하고 쾌적하다. 기온도 한국의 초여름과 비슷한 15~25도 정도이고, 이 시기에는 비도 내린다.● 1년 동안 내리는 비의 양은 한국의 장마철에 한 시간 동안 내리는 집중 호우에도 미치지 못하지만 카타르에서는 비가 오면 지하도나 지하 주차장에 물이 차는 경우가 종종 발생한다. 집에 물이 새기도 한다. 오래된 건물이 아니라 최근에 지어진 건물에서도 그렇다. 비가 드물게 내리다 보니 배수 시설이나 설비에 상대적으로 신경을 안 쓰기 때문이다.

카타르에 온 지 얼마 안 된 외국인들은 비가 와서 도로가 잠기거나 집 천장에서 물이 뚝뚝 떨어지는 것을 경험하면 놀라곤 한다.

● 카타르의 연중 강수량은 70mm 정도이다.

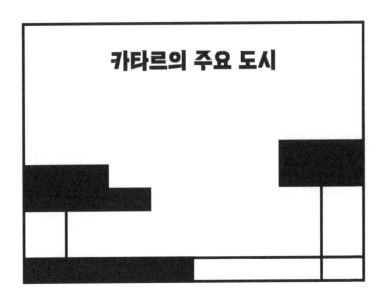

카타르의 주요 도시

카타르의 수도, 도하

　카타르의 수도 도하는 중동에서 아랍에미리트의 아부다비, 두바이와 더불어 가장 현대적이고 국제적인 곳으로 꼽힌다. 도하는 아랍어로 '아침', '오아시스', '둥글다'라는 의미이다.

　도하에는 다양한 국제 이벤트가 열리고 현대적인 시설을 갖춘 공항과 항만이 자리 잡고 있다. 이슬람교를 믿지 않는 외국인들도 큰 제약 없이 비교적 자유롭게 활동할 수 있는 중동의 주요 도시 중 하나이다.

　도하는 2022 카타르월드컵 이전에도 다양한 이벤트로 주목받은 도시이다. 2006년 아랍권 최초로 아시안게임이 열렸고,

● 도하의 낮과 밤

● 도하의 전통 시장 거리

미국과 탈레반● 사이에 벌어진 아프가니스탄 전쟁 종료 협상
이 진행된 장소이기도 하다. 중동의 대표 미디어인 알자지라*Al
Jazeera* 본사, 국제적인 교육 연구 특구인 에듀케이션시티*Education
City*, 주요 천연가스 수출국들이 결성한 국제기구인 가스수출
국포럼*GECF, Gas Exporting Countries Forum* 본부가 있으며, 유명 관광지는

● 현재 아프가니스탄을 통치하고 있는 이슬람 극단주의 성향의 무장정치단체

없지만 중요한 국제 이슈가 발생하고 있다.

외국인을 겨냥한 인공섬, 펄 카타르

카타르에서 가장 현대적인 지역으로 꼽히는 펄 카타르는 카타르의 개방성을 보여주는 지역이다. 도하 중심부에서 북쪽으로 15km 정도 떨어진 지역에 있는 바다를 매립해 만든 인공섬이다.

펄이란 이름은 영어로 '진주'를 의미한다. 과거 카타르에서 진주가 많이 채취되었던 것을 기념하기 위해 만든 인공섬으로 모양이 진주조개 모양이다. 총 13.9km² 정도 면적에 호텔, 아파트, 타운하우스형 주택, 카페, 식당, 명품 매장, 요트 선착장 등이 들어서 있으며 카타르에서 처음으로 외국인의 부동산 소유가 허용된 지역이다.

현재 펄 카타르에는 외국인이 많이 거주하고 있다. 주로 카타르에서 일하는 전문직 외국인들로 한국 외교관과 한국 기업의 주재원 또한 대부분 이곳에 거주하고 있다.

카타르 사람들은 펄 카타르에 자부심을 갖고 있다. 첨단 기술을 동원해 인공섬을 만들었고 이곳을 고급지게 개발했기 때문이다. 또 외국인 전문직 종사자가 많이 모여 살고 있어 호기심 어린 시선으로 이곳을 바라본다. 외국인 특히 비중동권 사람이 많은 펄 카타르에서는 옷차림도 다른 지역보다 자유로

● 펄 카타르의 선착장과 아파트들

● 펄 카타르

운 편이다.

문제는 이런 분위기로 인해 카타르 사람들이 싫어하는 모습도 자주 발생한다는 것이다. 예를 들어 술을 많이 마신 채 밖에서 큰소리로 떠들거나 노출이 심한 옷차림을 하는 외국인들이 종종 보인다. 펄 카타르가 처음 개발되었을 때 보수적인 카타르 사람들 사이에서는 "정부가 너무 성급하게 펄 카타르를 개발했다", "펄 카타르에서도 카타르의 정서를 존중하는 문화가 필요하다"라는 불만이 터져 나오기도 했다.

월드컵으로 주목받는 신도시, 루사일

도하에서 북쪽으로 약 $20km$ 정도 떨어져 있는 신도시 루사일은 2022 카타르월드컵 덕분에 많은 주목을 받고 있다. 월드컵 결승전이 열린 경기장이 루사일에 위치하고 있기 때문이다. 이름도 '루사일경기장'이다.

인공섬인 펄 카타르와 달리 루사일은 해안가에 위치해 있다. $38km^2$ 정도의 면적을 지닌 루사일에는 복합적인 상업 및 주거 시설이 갖추어져 있으며 타운하우스, 아파트, 쇼핑센터는 물론 골프장, 리조트, 마리나 등의 시설이 들어설 예정이다.

● 2022 카타르월드컵을 계기로 개발된 신도시 루사일

카타르의 성장 동력 라스라판

　도하에서 북쪽으로 약 80㎞ 떨어진 곳에 있는 라스라판은 카타르 경제의 심장부라고 해도 과언이 아니다. 카타르의 국영 에너지 기업인 카타르에너지가 사실상 관리하고 있는 라스라판에는 주력 수출품인 액화천연가스를 생산하는 시설들이 자리 잡고 있다. 또한 천연가스를 가공해 휘발유, 경유, 나프타, 메탄올 같은 액체 연료나 화학 물질을 생산하는 GTL*Gas-to-Liquids* 공정 시설도 이곳에 자리해 있다. 말 그대로 카타르의 경제를 움직이는 시설이 모두 이곳에 있다.

　라스라판의 천연가스와 석유 관련 시설이 밀집해 있는 구역은 보안이 매우 엄격하다. 사전에 방문 신청을 하고 허가를 받은 사람만 들어갈 수 있다. 또한 라스라판에는 전기와 물을 생산하는 화력발전소와 담수화 플랜트 같은 시설도 있다.

● 라스라판의 복합화력발전소

● 천연가스 액화 정제 시설

도하의 기적

'도하의 기적'은 1994 미국월드컵 아시아 최종 예선전의 마지막 경기에서 본선 진출국이 막판에 바뀐 상황을 의미하는 말이다. 한국, 일본, 북한, 사우디아라비아, 이란, 이라크 등 여섯 팀이 토너먼트 형식으로 경기를 치렀는데 마지막 경기를 앞둔 한국은 1승 2무 1패를 기록하고 있었다. 두 나라만 월드컵에 나갈 수 있는 상황에서 한국은 3위였다.

1993년 10월 28일 북한과의 마지막 경기에서 한국이 북한을 두 골 차 이상으로 이기고, 같은 시간 이라크와 경기를 하는 일본이 비기거나 져야 월드컵 진출이 가능한 상황이었다.

당시 한국은 북한을 3대 0으로 이겼지만 일본이 이라크를 2대 1로 앞서고 있는 상황이어서 사실상 본선 진출이 어려운 상태였다. 한국 선수들도 경기 뒤 그라운드에 앉아 자포자기하고 있었다. 그런데 경기 종료 약 10초를 앞두고 이라크가 동점골을 넣었다. 말 그대로 한국에게 기적이 일어난 것이다. 일본 입장에서는 악몽이었다. 그렇게 일본은 월드컵 첫 출전을 다음 기회로 미뤄야 했고, 한국은 운 좋게 아시아 나라로는 처음으로 3회 연속(당시 기준) 월드컵 무대에 나갈 수 있었다.

1993년 10월 28일을 계기로 한국 축구 팬들 사이에서 도하는 기적이 일어난 장소라는 이미지가 강하게 남아 있다. 지금도 월드컵을 비롯한 주요

● '도하의 기적'을 보도한 당시 〈동아일보〉 기사

국가 대표 축구 경기에서 '도하의 기적'을 언급하거나 당시 상황과 비교하는 경우가 자주 2022 카타르월드컵에서 한국이 포르투갈을 꺾고 16강에 극적으로 올라갔을 때도 '도하의 기적'을 언급하는 사람들이 많았다. 재미있는 점은 도하에서 활동하는 한국 외교관과 기업인 그리고 교민 중 현지에서 아이가 생겼거나 아이를 낳았을 때 이름을 '도하'라고 짓는 경우가 종종 있다는 것이다. 도하라는 단어의 어감이 좋고 한국어로든 영어로든 발음하기가 수월하고 아랍어 의미도 좋기 때문이다.

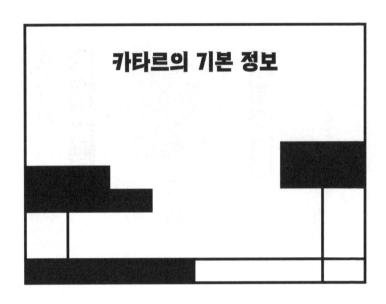

카타르의 기본 정보

국기

카타르 국기는 흰색 바탕에 짙은 자주색의 톱니 모양이 아홉 개 그려져 있다. 흰색은 카타르와 국제 사회의 평화를 의미하고, 짙

● 카타르 국기

은 자주색은 카타르 역사에서 전쟁이 많았던 19세기 후반 자국민들이 흘린 피를 상징한다. 아홉 개의 톱니 모양은 1916년 카타르가 영국과 조약을 맺고 영국의 보호령으로 편입된 걸프

지역의 아홉 번째 토후국이라는 뜻을 지니고 있다.

이웃 나라 바레인의 국기와 비슷하지만 바레인 국기는 흰색 바탕에 다섯 개의 빨간색 톱니 모양으로 이루어져 있다.

국장

카타르 국기 모양을 안다면 카타르 국장도 쉽게 찾을 수 있다. 카타르 국장은 카타르 국기와 같은 색깔이다. 2022년에 새롭게 만들어졌다.

아라비아 검과 바다 물결, '다우*Dhow*'로 불리는 전

● 카타르 국장

통 선박 그리고 야자나무가 그려져 있는데, 이는 아랍 전통과 자연환경 측면에서 중요하게 다루어지는 것들이다.

아라비아 검은 사우디아라비아와 오만의 국장에, 다우는 쿠웨이트 국장에 사용된다.

국가

카타르 국가의 제목은 '에미르*Emir*●에게 평화를'이다. 압둘 아지즈 나세르 알 오바이단 알파크로*Abdulaziz Nāṣṣir Al-Ubaydān Al Fakhru*가 작곡했고, 알 샤이크 무바라크 빈 사이프 알사니*Al-Shaykh Mubārak bin Sayf Al Thani*가 작사한 곡이 1996년 12월부터 카타르 국가로 사용되고 있다. 현재 카타르를 이끌고 있는 타밈 빈 하마드 알사니*Tamim bin Hamad Al Thani* 국왕의 아버지인 하마드 빈 칼리파 알사니*Hamad bin Khalifa Al Thani*가 국왕으로 재임(1995년 6월)한 이듬해 정식으로 국가가 되었다.

하마드 빈 칼리파 알사니 상왕은 국왕으로 재임하던 시절 카타르를 완전히 탈바꿈한다고 해도 과언이 아닐 만큼 다양하고 파격적인 개혁, 개방 정책을 마련했다. 국가를 새로 만든 것도 이런 맥락에서 살펴볼 수 있다.

As-Salam al-Amiri
에미르에게 평화를

I swear, I swear
맹세한다. 맹세한다

● 에미르는 아랍어로 통치자라는 의미이다. 한국어로 해석할 수 있는 적합한 단어가 없지만 실제 위상이나 역할을 감안하면 '국왕'이라는 표현이 가장 적합하다.

Swearing by the One who raised the sky
하늘을 드높인 자의 이름으로 맹세한다

Swearing by the One who spread the light
빛을 퍼뜨린 자의 이름으로 맹세한다

Qatar will always be free, elevated by the spirit of the loyal
충성의 영혼으로서 카타르는 자유로워질 것이다

Travel the high road
가장 확실한 길로 걸어가라

Travel by the guiding light of the Prophets
예언자가 인도하는 빛을 따라

Qatar, in my heart, is an epic of dignity and the glories of the

forefathers
내 마음속 카타르는 선조들의 품위와 영광의 서사시다

Qatar is the land of the foremost men who protect us in the

time of distress
카타르는 고통의 시간으로부터 지켜주는 가장 중요한 자들의

땅이다

Doves at times of peace
평화로운 시대에 존재하는 비둘기들과

Birds of prey they are at times of sacrifice
희생의 시대에 존재하는 전사들의 땅이다

카타르를 상징하는 동물

　카타르를 상징하는 동물로는 매와 오릭스가 있다. 매는 아랍권의 모든 나라에서 특별하게 생각하는 동물이다. 유목 생활을 하던 시절 매는 사냥을 함께하는 '동반자'였다. 매의 밝은 눈을 활용한 사냥은 지금도 카타르를 포함해 여러 아랍 나라에서 전통문화로 중요하게 여기고 있다.

　오릭스는 아프리카와 아라비아반도에 주로 사는 영양이다. 카타르는 '아라비아 오릭스'를 국가 상징 동물로 여긴다. 몸은 하얗고 얼굴에 검은 무늬가 있는 오릭스는 길게 뻗은 뿔이 특징이다. 카타르의 국영 항공사인 카타르항공*Qatar Airways*의 로고에도 오릭스가 그려져 있다.

● 매　　　　　　　　　● 아라비아 오릭스

카타르를 상징하는 식물

시드라나무는 카타르재단Qatar Foundation의 상징이기도 하다. 사막의 혹독한 기후에도 잘 버티며 중동권에서는 무엇보다 '배움'을 상징한다. 과거 유목 생활을 하던 아랍 사람들은 시드라나무 아래에서 아이들을 가르쳤다. 시드라나무 아래에서 학자들이 토론하고 이야기를 나누는 경우도 많았다. 그런 점에서 현지인들은 전 세계적으로 다양한 교육 프로젝트를 진행하고 있는 카타르재단의 상징으로 시드라나무만큼 적합한 대상도 없다고 입을 모은다.

카타프는 3~5월경 해안가를 중심으로 쉽게 볼 수 있는 꽃이다. 시드라나무처럼 험한 기후와 환경에서도 잘 살아남는다.

● 시드라나무

● 카타프

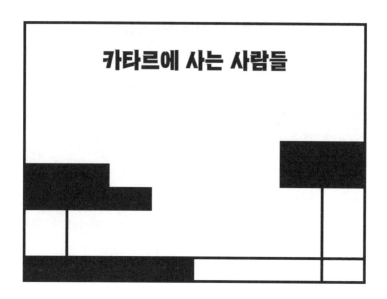

카타르에 사는 사람들

카타르에는 어떤 사람들이 살고 있을까?

'한국에는 한국 사람이 가장 많이 산다', '일본에는 일본 사람이 가장 많이 산다' 같은 상식이 카타르에서는 통하지 않는다. 사실 아랍에미리트와 쿠웨이트 같은 카타르 주변의 '작은 산유국'에서도 이런 상식은 통하지 않는다.

대한무역투자진흥공사KOTRA 국가 정보에 따르면 2021년 기준 카타르의 총인구는 약 260만 명이다. 이 중 카타리Qatari•

• 카타르 현지 사람들을 카타리라고 부른다.

는 전체 인구의 13%인 33만 명으로 카타르에 거주하는 인구 중 네 번째로 많다.

카타르에 가장 많이 사는 사람은 인도인으로, 카타리보다 무려 두 배 정도 많은 65만 명(전체 카타르 인구의 25%)을 차지한다. 그 다음 방글라데시인(40만 명, 약 15%), 네팔인 (35만 명, 약 14%) 순으로 많다. 카타리 다음으로는 필리핀인(26만 명, 약 10%), 이집트인 (20만 명, 약 8%)이 많다.

카타르는 미국, 캐나다, 오스트레일리아처럼 국적과 인종의 다양성이 있지는 않다. 하지만 이런 나라들을 제외하면 인구 구성이 매우 다양하다고 볼 수 있다.

카타르에 거주하는 사람 중 인도, 방글라데시, 네팔 출신은 주로 노동자이다. 이들은 건설 현장, 공항과 항만, 천연가스와 석유 관련 공업 시설의 노동자, 택시 기사, 환경미화원, 경비원 등으로 일한다. 필리핀 출신들은 가사도우미, 베이비시터, 식당·백화점·호텔 등의 서비스 인력, 간호사 등으로 일하고 이집트, 시리아, 레바논, 요르단, 팔레스타인 등 인근 아랍 국가에서 온 이들은 의사, 대학 교수, 초·중·고교 교사 같은 전문직을 포함해 정부 기관, 은행, 기업 등의 사무직으로 일하는 비중이 크다. 그리고 카타리는 '높은 자리', '의사 결정을 하는 자리'에서 일한다. 정부 기관이든, 기업이든 소위 말하는 간부급에서 쉽게 찾아볼 수 있다.

그렇다면 카타르에는 왜 이렇게 다양한 인종과 국적의 사람들이 거주하고 있는 걸까?

그 이유는 크게 두 가지로 살펴볼 수 있다. 자국민이 33만 명 정도에 불과하기 때문에 현실적으로 자국민만으로 모든 일을 처리하기 어려운 구조이다. 카타르가 세계적인 천연가스와 석유 수출국이라는 점을 감안하면 더욱 그렇다. 천연가스와 석유를 생산하는 데 필요한 시설을 만들고 그것을 관리하고 더 나아가 천연가스와 석유를 보관하고 판매하는 데는 많은 인력이 필요하다.

또 다른 이유는 카타르의 경우 천연가스와 석유를 판매해 얻은 막대한 부로 국민에게 좋은 복지 환경을 제공한다. 말 그대로 카타르 사람이 학교와 병원을 돈 때문에 못 다니진 않는다. 해외 유학을 가도 학비는 물론 생활비 지원도 정부가 적극적으로 해준다. 그러다 보니 카타르 사람들이 낮은 임금을 받거나 힘든 노동을 해야 하는 직종에 근무할 이유가 없다. 아니, 동기 부여 자체가 안 된다.

의사와 엔지니어처럼 엘리트 직종이지만 오랜 기간 어려운 공부를 해야 하는 직업에 뛰어드는 카타르 사람도 상대적으로 적다. 정부에서 제공하는 복지 수준이 워낙 높기 때문에 높은 임금과 사회적 지위를 얻기 위해 치열한 경쟁을 펼쳐야 하는 절박감 혹은 '일이나 공부를 열심히 하지 않으면 가난하게 된다'라는 위기의식이 카타르 사람들에게는 없다.

실제로 카타르 사람들은 국가의 복지를 만족스러워한다. 그리고 정부와 국왕을 자식에게 모든 것을 해주는 '부모'처럼 생각한다.

사실 아랍에미리트와 쿠웨이트 같은 인근 산유국들도 카타르처럼 석유와 천연가스를 팔아서 생긴 '오일달러'로 국민에게 파격적인 혜택을 제공한다. 두 나라 모두 카타르처럼 자국민 수가 적기 때문이다. 아랍에미리트의 경우 전체 인구 약 990만 명 중 자국민은 200만 명 정도, 쿠웨이트는 약 460만 명 중 180만 명 정도이다. 카타르와 비교할 때 구체적인 부분은 차이가 있을 수 있지만 자국민에게 복지를 풍족하게 제공한다는 점은 똑같다.

반면 사우디아라비아는 사정이 다르다. 세계 최대 석유 생산국이지만 자국민만 2,000만 명에 육박한다. 자국민 수가 카타르, 아랍에미리트, 쿠웨이트와는 비교하기 어려울 정도로 많다. 그만큼 국민에게 제공하는 복지 혜택도 적을 수밖에 없다. 사우디아라비아에서는 은행, 공항, 호텔 등에서 일하는 서비스 인력 중에서도 현지 사람들을 비교적 쉽게 볼 수 있다.

오만과 바레인은 인구가 많진 않지만 생산되는 석유와 천연가스의 양이 적다 보니 국민에게 풍족한 복지를 제공하는 데 한계가 있다.

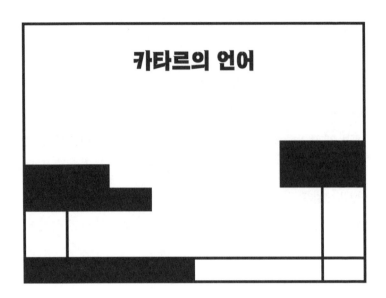

카타르의 언어

영어를 모르면 일상생활이 불편

카타르는 중동에 있으며 아랍 국가이다. 당연히 카타르의 공용어도 아랍어이다. 하지만 신기하게도 카타르에서는 아랍어를 전혀 몰라도 일하거나 생활하는 데 큰 어려운 점이 없다.

공식적이지는 않지만 사실상 영어도 공용어나 다름없다. 그만큼 영어가 광범위하게 쓰인다는 뜻이다. 현재 카타르에 거주하는 대부분 사람들의 모국어가 아랍어는 아니다. 카타르에서 가장 많은 인구수를 자랑하는 인도를 중심으로 방글라데시, 필리핀, 네팔 모두 아랍어를 쓰는 나라가 아니다. 카타르 정부 기관과 기업에서 많이 활동하는 미국, 영국, 오스트레일리아 출신 역시 아랍어를 할 줄 모르는 경우가 많다. 그러다 보니 결국 국제 사회의 공용어 역할을 하는 영어가 광범위하게 쓰이는 것이다. 오히려 영어를 할 줄 모르는 카타르 사람들이 일상생활에서 불편을 겪을 수 있다. 당장 식당에서 음식을 주문할 때도 어려움이 생길 수 있다. 식당 같은 서비스업에서 일하는 사람 대부분이 필리핀이나 인도 출신이기 때문이다. 아이를 돌봐주는 베이비시터도 대부분 필리핀 출신이라서 영어를 못하면 아이의 교육과 건강 관리같이 민감하고 중요한 내용에 대한 소통마저 어려워진다.

실제로 대부분의 카타르 사람은 영어가 능숙하다. 교육 수준이 높은 이들 중에는 거의 완벽한 미국식 혹은 영국식 영어의 억양과 발음을 구사하는 이들도 많다. 어릴 때부터 유학가거나 카타르 내 미국계 또는 영국계 국제학교(보통 인터내셔널스쿨로 불림)에서 공부한 이들이 그만큼 많다.

흔들리고 있는 모국어 사용 능력

오히려 최근 카타르에서는 어린 시절부터 국제학교 혹은 외국으로 유학가서 영어를 주 언어로 공부한 젊은 엘리트들의 아랍어 글쓰기 능력 저하가 문제로 여겨지고 있다. 사실 영어가 광범위하게 사용되고 젊은 엘리트들의 외국 교육 선호 현상이 심한 대부분의 중동 산유국(사우디아라비아, 아랍에미리트, 쿠웨이트 등)도 카타르와 비슷한 실정이다. 물론 이들 나라에서도 영어가 공용어처럼 쓰인다.

알파벳 Q로 시작되는 유일한 나라

카타르는 영어와 관련해 재미있는 특징을 가지고 있다. 영어 단어 중 Q로 시작되는 단어들은 보통 Q 다음 알파벳 U가 온다. 예를 들면, Quality(질), Quantity(양), Question(질문), Quarantine(격리), Quite(조용한), Quick(빠른) 등을 들 수 있다.

하지만 카타르의 영문 표기는 다르다. Qatar, 즉 Q 다음에 A가 온다. 캐나다 동부의 퀘벡도 영어로 표기하면 Quebec이다. 역시 Q 다음에 U가 오는 형태이다. 카타르에 대해 관심 있는 사람들, 특히 영어에 대한 지식이 어느 정도 있는 사람들 사이에서는 카타르의 영문 표기도 작지만 재미있는 특징으로 여겨진다.

아랍어대사전 편찬 사업

카타르는 작은 나라이지만 아랍권과 이슬람권을 대표해서 다양한 대규모 문화 프로젝트를 적극적으로 진행하려고 한다. 대표적인 예로 '아랍어대사전 편찬 프로젝트'가 있다. 이 프로젝트는 현재 사용 중인 아랍어 단어의 의미, 기원, 지난 2,000년간의 변화 과정 등을 종합한 대사전을 만드는 작업이다. 아랍어의 언어적, 문화적 특성을 종합해 다양한 학술 연구에 활용하겠다는 의도이다.

아랍어 사용 인구는 전 세계적으로 3억 명이 넘는다. 세계에서 가장 많이 사용되는 언어 중 하나이다. 또한 영어, 중국어, 스페인어, 러시아어, 프랑스어와 함께 유엔의 공식 언어 중 하나이다. 그런데 옥스퍼드영어사전처럼 권위와 전통을 자랑하는 아랍어 사전은 없다. 종합적으로 대사전을 구성해보려는 시도가 지금까지 미비했기 때문이다.

카타르 정부는 아랍권을 대표해서 아랍어대사전 편찬 작업을 진행하고 이 편찬 프로젝트에 파격적인 지원을 하고 있다. 아랍조사정책연구원Arab Center for Research and Policy Studies과 도하인스티튜트Doha Institute의 연구진이 주도하는 이 프로젝트는 카타르는 물론 이집트, 모로코, 팔레스타인, 시리아, 레바논 등 다양한 국적의 연구진이 참여하고 있다.

기초 아랍어 배워보기

발음	의미
앗 살람 알라이쿰	당신에게 평화가 있기를 (안녕하십니까?)
와 알라이쿰 살람	당신에게도 평화가 있기를 ("안녕하십니까?"에 대한 답변)
마르하반	반갑습니다
일랄리까	또 만나요
카이팔 할	어떻게 지내시나요?
알 함두릴라	신 덕분에 잘 지내고 있어요
슈크란	감사합니다
아프완	천만에요
비스밀라	신의 이름으로
인샤알라	신의 뜻이라면
쿠리야	일반적으로 '코리아'를 의미
줌후리야 쿠리야	한국. 영어로 Republic of Korea에 해당됨
쿠리야 알자누비야	남한. 영어로 South Korea에 해당됨

출처: 《알기 쉬운 아랍 핸드북》, 한국-아랍소사이어티 엮음

함께 생각하고 토론하기

평소 카타르에 대해 어떤 것을 알고 있었나요? 2022 월드컵 외에 카타르에 대해 알고 있는 것들을 떠올려봅시다. 그리고 알고 있는 중동 나라의 이름도 한번 정리해봅시다. 중동 나라라고 하면 어떤 이미지가 연상되나요?

● 2022 월드컵이 카타르에 어떤 변화를 일으킬지 생각해봅시다.

●● 카타르처럼 천연자원(천연가스와 석유 등)이 경제의 중심이 되는 나라들은 어떤 장점과 단점을 가지고 있을까요?

●●● 카타르처럼 많지는 않지만 한국에 거주하는 외국인도 늘어나고 있습니다. 우리나라에 거주하는 외국인들과 잘 어울려 살 수 있는 방법에 대해 생각해봅시다.

●●●● 카타르처럼 작지만 국제적으로 영향력을 발휘하고 있는 나라를 찾아보고, 그 나라들의 특성에 대해 이야기해봅시다.

2부

카타르 사람들의 이모저모

배움에 대한 염원은
인간 본성의 가장 강한 부분이고
모든 어린이에게 내재되어 있다.

- 무자 빈트 나세르 알미스네드

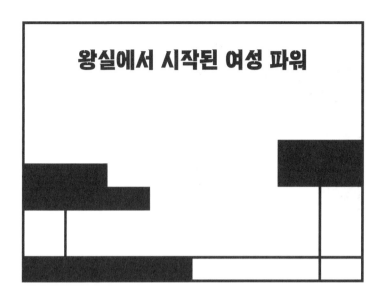

왕실에서 시작된 여성 파워

무자 빈트 나세르 알미스네드

카타르에는 중동의 대표적인 여성 리더 중 한 명으로 꼽히는 여성 왕실 인사가 있다. 카타르재단의 공동 설립자 겸 이사장인 무자 빈트 나세르 알미스네드*Moza bint Nasser Al Missned*이다. 타밈 빈 하마드 알사니 국왕의 어머니인 그녀는 자신이 왕비였던 시절 설립된 카타르재단을 통해 교육 분야에서 다양한 활동을 펼쳐왔다.

무자 빈트 나세르 알미스네드 이사장은 전쟁, 빈곤, 자연재해로 어려움을 겪는 어린이와 청소년에 대한 교육에 관심이 많다. 그녀는 2012년 에듀케이션어버브올재단을 별도로 설립

● 무자 빈트 나세르 알미스네드 카타르재
단 이사장

해 이런 어려움에 처해 교육을 못 받는 어린이와 청소년을 지원했다. 전 세계적으로 1,000만 명 정도가 지원받은 것으로 알려졌다. 특히 '어린이를 교육시키자'라는 프로젝트를 통해 18억 달러 이상을 투자한 것으로 알려졌다.

카타르 안팎에서는 카타르가 파격적인 지원을 해가며 미국과 유럽의 명문대 캠퍼스를 유치하는 정책을 추진한 배경에 무자 빈트 나세르 알미스네드 이사장이 있다는 평가가 나온다. 또 그녀의 활발한 활동으로 카타르 여성들의 교육열과 사회 진출에 대한 관심이 올라갔다는 분석도 많다. 에듀케이션시티에 있는 대학에 다니는 학생들을 보면 여학생이 남학생보다 더 많다.

알 마야사 빈트 하마드 알사니

카타르 왕실의 여성 구성원 중 국제적으로 활발한 활동을 펼치는 인물이 또 있다. 무자 빈트 나세르 알미스네드 이사장의 딸이자 타밈 빈 하마드
알사니 카타르 국왕의 여동
생인 알 마야사 빈트 하마드
알사니Al-Mayassa bint Hamad Al
Thani 공주이다.

● 알 마야사 빈트 하마드 알사니 공주

　그녀는 다양한 미술관과
박물관을 보유한 카타르박물관청을 이끌고 카타르의 문화 정
책 전반을 지휘하고 있다. 국제 미술시장에서는 유명 콜렉터로
도 꼽힌다. 실제로 그녀는 2007년 〈화이트 센터〉(마크 로스코)와
〈봄날의 자장가〉(데미안 허스트)를, 2011년 〈카드놀이 하는 사람
들〉(폴 세잔)과 〈언제 결혼하니〉(폴 고갱)를 거액을 들여 구입해
전 세계적인 화제가 되었다.

　알 마야사 빈트 하마드 알사니 공주는 2019년 개관한 카타
르국립박물관 건립 프로젝트에도 큰 관심을 가졌었다. 프랑스
의 세계적인 건축가인 장 누벨Jean Nouvel이 설계하고 현대건설
이 시공한 카타르국립박물관National Museum of Qatar은 카타르를
대표하는 현대 건축물로 꼽힌다. 그녀는 카타르국립박물관 공
사가 한창 진행될 때 현장을 자주 방문해 다양한 아이디어를
내며 특별한 관심을 표현했다. 특히 공사 현장을 직접 돌며 세
부적인 사항들을 직접 챙겨 현지에서 큰 화제가 되었다.

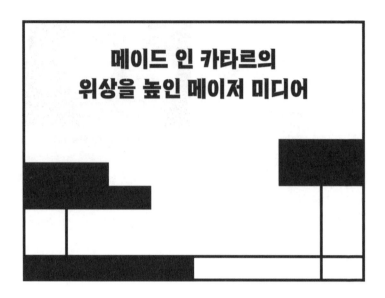

메이드 인 카타르의
위상을 높인 메이저 미디어

중동의 글로벌 미디어 알자지라

'중동의 CNN', '중동의 BBC'라고 불리는 미디어 기업 알자지라가 카타르에 본사를 두고 있다는 것을 아는 사람은 의외로 많지 않다. 중동의 방송사인 것은 알지만 대부분 아랍에미리트나 사우디아라비아 방송사라고 생각하는 것 같다. 그러나 알자지라는 카타르 방송사이다.

알자지라는 국제적인 수준의 미디어가 없는 중동에서 가장 획기적으로 성장했으며 영향력을 발휘하고 있다. 카타르에서 알자지라는 나라의 상징으로도 여겨진다. 천연가스와 석유 제외하고는 국제적으로 내세울 게 딱히 없던 카타르에서 처음으

● 알자지라 본사

● 알자지라 본사의 스튜디오

로 전 세계에 '메이드 인 카타르 아이템'으로서의 위상을 높였다는 평가도 있다. 카타르에서는 알자지라 로고가 박혀 있는 티셔츠, 머그컵, 볼펜, 노트북 등 관련 기념품이 많다. 알자지라의 뉴스 스튜디오를 인테리어 콘셉트로 삼은 카페도 있다. 알자지라가 얼마나 국민적 사랑을 받는 기관인지를 알 수 있다.

알자지라는 아랍어로 '섬'을 뜻하는데 독립적 언론이 되겠다는 취지에서 이름 붙였다고 한다. 알자지라는 중동 관련 보도에서 만큼은 CNN과 BBC 같은 오랜 전통의 글로벌 미디어를 앞설 때도 상당히 많다. 2001년 9.11테러 직후에는 이 사건을 도모했던 알카에다Al Qaeda의 리더 오사마 빈 라덴Osama bin Laden의 메시지를 담은 동영상을 입수해 명성을 떨쳤다. 그리고 이때부터 알자지라는 전 세계적으로 주목받는 이른바 '메이저 미디어'가 되었다.

당시 미국과 유럽에서는 "테러리스트의 주장을 방영한다", "테러리스트의 선전 도구가 되고 있다"라고 알자지라를 비판하기도 했다. 하지만 알자지라의 영향력이 커지면서 미국과 유럽의 주요 인사들도 알자지라의 취재를 허용했고 나아가 인터뷰에도 응했다.

2003년 미국의 이라크 침공 때는 미군의 과도한 민간인 공격과 이라크 내 대량 살상 무기 존재의 의구심 등을 적극적으로 보도하며 서구 언론과는 다른 시각으로 뉴스를 제공했다.

2010년 12월 중동의 민주화 운동인 '아랍의 봄'● 움직임이 확산될 때도 알자지라는 막강한 영향력을 발휘했다. 민주화 움직임이 튀니지, 이집트, 리비아, 시리아, 바레인으로 확산될 때 그 나라 정부와 지도자들을 강하게 비판하는 보도로 여론 형성에 큰 영향력을 끼쳤다. 2023년 10월 7일 팔레스타인 무장 정파 하마스의 공격으로 촉발된 이스라엘과 하마스 간 '가자지구 전쟁'도 알자지라는 적극적으로 보도하고 있다.

카타르의 목소리, 알자지라

카타르가 알자지라를 설립한 이유 중에는 중동 내에서 자국의 이익을 대변하고 영향력을 과시하고자 하는 목적도 있다. 작은 나라가 국방력과 경제력만

● 알자지라 본사 스튜디오

● 심각한 경제난과 청년 실업을 겪고 있던 튀니지에서 대학을 나왔지만 일자리를 구하지 못해 과일 행상을 하던 스물여섯 살의 무함마드 부아지지Mohamed Bouazizi가 2010년 12월 경찰 단속에 리어카를 빼앗기고 벌금까지 부과받자 절망을 이기지 못해 분신했다. 이 사건으로 국민들이 대규모 시위에 참여했으며 결국 독재 정권을 무너뜨렸다. 이런 민주화 움직임은 오랜 독재와 경제난을 겪고 있던 이집트, 리비아, 예멘, 시리아 같은 주변 나라로 빠르게 확산되었다.

있어서는 한계가 있다는 점을 인식한 것이다. 카타르 정부는 알자지라 설립과 운영 과정에서 파격적인 지원을 했고 상당한 자율권도 부여했다.

실제로 알자지라는 카타르 목소리를 내는 역할을 하고 있다. 주요 이슈가 있을 때마다 카타르에 우호적인 방향으로 보도하는 경우가 많다. 사우디아라비아, 아랍에미리트, 바레인 등이 주도해 카타르에 대한 단교 조치를 취한 뒤에는 이 나라들을 비판하는 기사를 매우 적극적으로 보도했다. 반면 카타르에 대한 보도와 비판은 찾아보기가 힘들다. 단교 사태가 터졌을 때 단교 주도국에서는 알자지라의 자국 방영을 금지하기도 했다.

확장하는 알자지라

알자지라는 거대 글로벌 미디어 기업에 어울리는 조직 체계를 갖추어나가고 있다. 처음에는 아랍어로만 방송했지만 2006년 영어 방송(알자지라 잉글리시)을 시작하며 글로벌 언론사로서 위상 다지기에 나섰다. 2007년에는 다큐멘터리 채널(알자지라 다큐멘터리), 2011년에는 유럽 발칸 지역을 대상으로 한 채널(알자지라 발칸)도 설립했다. 온라인 콘텐츠를 담당하는 AJ+도 설립했다.

취재망도 매우 촘촘하다. 전 세계적으로 70여 개의 지국을 운영하고 있으며 미국 워싱턴, 영국 런던, 말레이시아 쿠알라룸푸르 등의 지국은 지역 거점 역할을 한다. 서울에도 당연히 지국이 있다. 또 북한 뉴스도 적극적으로 보도하고 있다.

중동의 대표적인 분쟁인 '이스라엘과 팔레스타인 분쟁'을 촘촘히 취재할 수 있는 인프라도 갖추었다. 이스라엘 수도인 예루살렘과 팔레스타인 자치 정부의 행정 수도인 라말라, 가자지구•에 지국을 운영하고 있는 것이다. 이를 통해 알자지라는 다양한 기획 보도 프로그램과 다큐멘터리를 제작하고 있다.

아시아 지역을 주목하는 알자지라

아시아는 최근 알자지라가 높은 관심을 보이는 지역이다. 중국과 인도네시아에서는 해당 국가 언어로 온라인 서비스를 제공하고 있다. 북한 지국 설치에도 관심이 많다. 실제로 알자지라는 북한의 핵 개발이나 미사일 이슈를 자세히 다룬다.• 그러나 북한 지국 설치에는 신중하게 접근한다는 방침이다. 모스테파 수아그*Mostefa Souag* 알자지라 사장은 2019년 2월 〈동아일

• 팔레스타인 무장정치단체 하마스의 주요 활동 지역
• 관련 보도는 주로 서울 지국에서 담당한다.

보〉와의 인터뷰에서 "뉴스 현장에 다가간다는 측면에서 북한 지국 설치는 중요하다. 하지만 자유롭게 취재할 수 없는 상황에서 무리하게 북한에 지국을 만들지는 않을 것"이라고 말했다.

알자지라는 아랍권 국가의 시청자들 사이에서는 '도발적인 콘텐츠'로도 많은 주목을 받았다. 개국 직후부터 대부분의 아랍권 국가에서 터부시하는 일부다처제, 이슬람 근본주의, 여성 인권, 정부와 고위층의 부패 같은 이슈를 적극적으로 보도했기 때문이다. 일부다처제와 이슬람 근본주의 같은 이슈를 다루는 토론 프로그램에서는 출연한 패널끼리 욕설을 주고받고 몸싸움을 하는 일도 발생했을 정도이다.

중동의 ESPN을 꿈꾸는 스포츠 전문 미디어 beIN

● beIN 스포츠의 로고

카타르 안팎에서는 최근 알자지라 못지않게 스포츠 전문 방송사인 beIN(비인)도 화제가 되고 있다. 중동 최대의 스포츠 전문 방송인 beIN은 유럽과 중동의 주요 프로 축구 리그 경기를 중동 전역에 중계하고 있다. 2019년 아시안컵 경기도 중계했다.

그래서 미디어 업계에서는 beIN을 '중동의 ESPN'●이라고도 표현한다. 카타르 단교 사태가 터졌을 때 사우디아라비아를 비롯한 단교 주도국은 카타르에 대한 영공, 영해, 영토 이동을 금지하고 무역과 외교 관계를 단절하면서도 beIN 전파는 끊지 않았다(알자지라의 전파는 끊었다). 이에 카타르는 세계무역기구 WTO에 사우디아라비아가 beIN 콘텐츠를 무단으로 도용하는 것을 막지 않았다고 제소했다.

카타르가 미워서 단교를 주도한 사우디아라비아가 beIN 전파를 막지 않고 콘텐츠 이용을 사실상 방치했던 이유에 대해서는 "beIN을 차단하면 자국민들이 스포츠 콘텐츠를 즐기기 어려워져 불만이 커질 수 있다는 것을 사우디아라비아 정부가 우려했기 때문이다."라는 분석이 나왔다.

미디어시티로 해외 미디어 유치를 꿈꾸다

카타르 정부는 2022 카타르월드컵 준비가 한창이던 2019년 1월 '미디어시티Media City' 조성 계획도 발표했다. 도하에 해외 유명 언론사 지국과 문화 콘텐츠(영화와 게임 등) 기업을 집중 유치하겠다는 것이다.

● 미국의 유명 스포츠 전문 채널

현재까지 유명 언론사들은 중동 특파원을 주로 이집트 카이로, 아랍에미리트 두바이, 레바논 베이루트, 튀르키예 이스탄불, 이스라엘 예루살렘 등에 파견해왔다. 한국 언론사도 〈동아일보〉와 채널A는 이집트 카이로, KBS는 아랍에미리트 두바이에 중동 특파원을 보낸다. 통신사인 연합뉴스는 이집트 카이로, 이란 테헤란, 튀르키예 이스탄불에 파견 중이다. 유명 언론사의 특파원 유치를 위해 카타르가 어떤 정책적 지원을 할지 기대된다.

카타르는 알자지라, beIN가 함께 미국에서 3대 메이저 저널리즘스쿨● 중 하나로 꼽히는 노스웨스턴대의 캠퍼스가 에듀케이션시티에 있다는 사실도 자신들이 중동의 미디어 중심지로 성장할 수 있다는 것을 보여주는 좋은 인프라라고 강조한다.

● 미주리대, 컬럼비아대, 노스웨스턴대

알자지라 본사 방문하기

알자지라 본사는 도하 도심에서 자동차로 15분가량 떨어진 와디 알 세일 지역에 있다. 인근에 beIN과 카타르국영방송도 있어 이 지역은 미디어 중심지로 통한다.

카타르 내 핵심 보안 시설인 알자지라 본사를 방문하는 과정은 복잡하다. 알자지라에서 초청을 받아야 한다. 방문증을 미리 받고 노트북과 카메라도 신고해야 한다. 그리고 차량을 이용할 경우 트렁크 확인도 한다.

이 과정을 모두 거친 뒤에야 들어갈 수 있는 알자지라 본사는 방송사보다 연구소 같은 느낌이 난다. 넓은 정원을 둘러싸고 그리 크지 않은 5층 안팎의 건물이 여러 개 들어서 있는 구조이다. 정원은 크고 작은 나무, 꽃, 조형물로 잘 정돈되어 있어 오아시스가 연상된다.

한국, 미국, 유럽 등의 유명 방송사와 달리 알자지라는 일반인들의 본사 견학을 허용하지 않는 분위기이다. 내가 알자지라 본사를 간 것은 한국 기자로서 알자지라를 취재하기 위해서였다.

카타르에는 일반인이 알자지라를 경험할 수 있는 장소가 있다. 복합 문화 공간 카타라에 있는 '알자지라 미디어 카페'이다. 여기에 알자지라 뉴스 스튜디오를 콘셉트로 만든 공간이 있다. 또한 알자지라 기자들이 전쟁이나 자연재해 현장에서 썼던 취재용 장비들이 전시되어 있다. 물론 알자지라 관련 기념품도 살 수 있다.

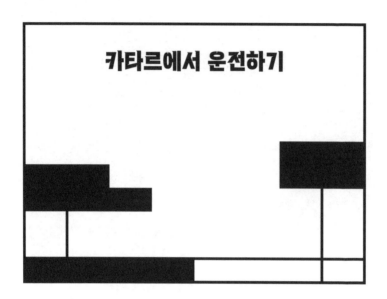

카타르에서 운전하기

카타르 사람들의 운전 습관

'빨리빨리'에 익숙한 한국 사람들이 중동에서 일하면서 가장 힘들어하는 것 중 하나는 속도이다. 중동에서는 '빨리빨리'가 연상되는 모습이 정말 드물다. 아니, '빨리빨리'에 대한 기대치를 내려놓는 게 바람직하다. 내가 아무리 급해도 상대방은 그렇게 움직이지 않는다. 카타르도 예외는 아니다. 물론 다른 중동 나라와 비교했을 때 카타르는 그래도 행정이나 업무 속도가 빠른 편이다.

하지만 한국보다 더 '빨리빨리'가 느껴지는 부분이 있다. 바로 운전이다. 카타르에서 주차를 해보면 한국보다 수월한 경우가 많다. 사람이 적고 공간이 많기 때문이다. 건물을 지을 때 주차장을 널찍하게 마련하는 문화도 잘 형성되어 있다.

그러나 운전할 때는 한국보다 훨씬 더 신경써야 한다. '이 사람들이 느릿느릿한 아랍 사람들 맞아?'라는 생각이 들 정도로 속도를 낸다. 특히 고속도로의 1차선 도로는 다른 차선보다 속도를 내는 차들이 주로 달리는데 조금만 느리게 가도 경적을 울린다. 밤에는 헤드라이트를 번쩍인다. 그래서 규정 속도를 딱 지키거나 약간 느리게 운전하는 사람들은 1차선에서 주행하는 것은 꿈도 못 꾼다.

카타르 사람들은 운전할 때 방향등도 잘 안 켠다. 갑작스럽게 차선을 바꾸는 경우도 다반사이다. 그러다 보니 종종 큰 사고로 이어진다. 규정 속도를 무시하며 달리고 방향등을 잘 안 켜는 상황에서 발생하는 교통사고는 상상하기도 싫다.

SUV 덕후들

운전과 관련해 재미있는 사실이 있다. 카타르 사람들의 대형 SUV 사랑이다. 자동차에 관심이 많은 사람은 카타르에 도착하자마자 공항에서부터 알 수 있다. 주차장을 가득 메운 차들 대부분이 유럽과 일본 유명 브랜드의 대형 SUV이다. 그것도 거의 흰색이다.

유럽과 일본 자동차 회사들보다 상대적으로 늦게 대형 SUV 개발에 나선 한국 자동차 회사들도 카타르를 포함한 중동 산유국들의 SUV 시장에 관심이 많다. 최근에는 현대자동차가 카타르의 유명 쇼핑몰에서 팰리세이드와 제너시스 SUV를 홍보했다. 카타르에서 가족이나 친구 모임을 하는 곳을 가보면 비슷한 디자인과 색깔의 대형 SUV들이 주차되어 있는 모습을 쉽게 볼 수 있다.

카타르 사람들은 워낙 풍족하게 살고 있어 차에 투자를 많이 하는 편이다. 소위 슈퍼카라고 불리는 페라리, 람보르기니, 부가티 같은 브랜드의 스포츠카를 모는 젊은이도 쉽게 볼 수 있다. 이들 중 일부는 자신의 슈퍼카를 다른 나라에 가지고 가서 타기도 한다. 특히 다양한 문화와 자유로운 분위기로 유명한 레바논의 베이루트에서는 카타르를 포함한 산유국 출신 젊은이들이 전통 의상 대신 찢어진 청바지와 티셔츠 차림에 슈퍼카를 타고 질주하는 모습을 심심치 않게 볼 수 있다.

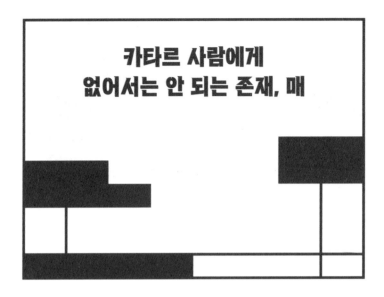

카타르 사람에게 없어서는 안 되는 존재, 매

수크 와키프와 매 시장

도하 도심의 해변가 도로 한쪽에는 전통 시장 '수크 와키프'•가 있다. 개인적으로 카타르에서 가장 좋아하는 장소 중 하나이다. 사막 모래 색깔의 아랍 전통 양식 건물들이 빼곡하게 들어선 전통 거리이며 도하에서 가장 옛스러운 장소이다. 작은 골목들이 미로처럼 이어져 있는 이곳은 도하를 찾는 외국인이라면 한 번쯤 가볼 만한 장소로 여겨진다. 한국의 인사동 거리와 한옥마을이 살짝 떠오르기도 한다.

• 수크는 아랍어로 시장이라는 뜻이다.

● 수크 와키프의 매를 파는 가게. 여러 종류의 매가 앉아 있다.

수크 와키프 골목마다 전통 공예품, 의상, 향신료, 음식, 커피 등을 파는 가게가 가득하다. 시샤(물담배) 카페도 많다. 하지만 수크 와키프에서 가장 눈에 띄는 골목은 누가 뭐라고 해도 '매 시장'이다. 수크 와키프 매 병원을 중심으로 크고 작은 매 관련 가게들이 자리해 있다. 매를 팔에 앉힌 채 돌아다니는 사람도 쉽게 만날 수 있고 가게에서 매를 고르는 사람도 많이 볼 수 있다.

매 판매 가게에 가보면 눈가리개가 씌워진 채 30~50cm 높이의 나무판에 매가 수십 마리씩 앉아 있다. 일부 매들은 나무판에 앉은 채 먹이(주로 닭다리)를 먹고 있다. 가격이 비싼 매들은 하루에 두세 번씩, 그렇지 않은 매들은 한 번만 먹이를 준다. 눈가리개를 씌우는 건 매들이 낯선 사람을 보고 놀라거나 스트레스받는 것을 막기 위해서이다.

이곳에서 파는 매들은 대부분 농장에서 태어난 지 1~2년(매 수명은 평균 15년) 된 어린 매이다. 야생에서 태어난 매도 있다. 가격은 마리당 2,000~5만 카타르리얄(2022년 10월 말 기준 약 80~1,981만 원)까지 다양하다. 영국 일간지 〈더 텔레그래프〉에 따르면 수크 와키프 매 시장에서 20만 파운드(2022년 10월 말 기준 약 3억 2,710만 원)를 넘는 가격에 판매된 매도 있다. 농장산 매가 사람에게 익숙해 길들이기 수월하지만 가격은 자연산 매가 더 비싸다.

카타르 사람들의 고급 취미, 매 기르기

아랍 전통 의상을 입은 사람이 팔에 매를 앉혀 놓은 모습을 보면 고대 아랍으로 시간 여행을 온 느낌이 든다. 이곳의 매를 팔거나 사려는 사람들은 "아랍 사람들에게 매는 특별한 동물이다", "자연과 힘을 보여주는 동물이다", "오래전부터 사막 생활을 함께해온 친구이다"라고 입을 모은다.

아랍 사람들에게 매는 정말 특별한 동물이다. 과거 사막에서 유목 생활을 할 때 매는 토끼와 비둘기 같은 작은 동물을 사냥해 고기를 제공했다. 신분과 지위가 높은 사람일수록 매를 많이 길렀다. 또 매를 이용한 사냥도 즐겼다. 그러다 보니 자

● 매는 아랍 사람들에게 특별한 동물로 여겨진다.

연스럽게 부와 권위를 상징하는 아이템으로 여겨지기도 했다.

특별한 동물이다 보니 아랍권에서는 매에 대한 이야기뿐 아니라 매와 관련된 전설도 많다. 아랍어에는 매와 직간접적으로 관련 있는 용어가 1,500개 정도 있다. 실제로 카타르와 아랍권 나라의 TV 채널에서는 매 사냥, 매 외모 평가대회 같은 행사가 중계되는 것을 자주 볼 수 있다.

카타르 사람들이 매 기르기에 얼마나 관심이 많은지, 또 국가 차원에서 매 전통문화 육성에 얼마나 관심이 지대한지는 수크 와키프 매 병원을 보면 된다. 매만 전문적으로 돌보는 병원인 이곳에 45명의 의료진이 있다(2020년 기준). 수크 와키프 매 병원에서는 매의 습성, 번식, 질병에 대한 연구도 진행하고 있

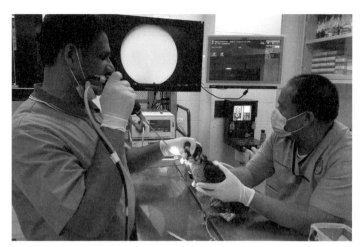

● 수크 와키프 매 병원에서 수의사들이 매를 치료하고 있다.

다. 수술실, 엑스레이실, 내시경, 유전자증폭검사(PCR) 기기, 최신 현미경까지 갖추고 있다.

매사냥 시즌 직전인 8월부터 다음해 3월까지 매달 평균 3,000~4,000마리의 매가 수크 와키프 매 병원을 찾는다. 사냥 전후 건강 관리를 위해서다.

매 기르기는 아랍권 나라에서 고급 취미에 해당한다. 일단 매 가격이 비싸다. 그리고 키우고 관리하는 데 들어가는 돈과 시간도 상당하다. 그래서 매 기르기는 중동 산유국 중에서도 재정이 넉넉해 국민 복지가 잘되어 있는 카타르, 쿠웨이트, 아랍에미리트에서 더 인기가 많다.

낙타 경주

매보다는 덜 대중적이지만 낙타도 카타르 사람들이 전통을 이야기할 때 자주 등장하는 동물이다. 그럴 수밖에 없다. 낙타는 사막과 오아시스를 돌아다니던 유목민에게 짐을 나르는 수단이자 젖과 고기를 제공하는 다목적 가축이었기 때문이다.

카타르 슈퍼마켓에서는 낙타 젖과 고기를 판매하는 모습을 찾기 힘들었지만 모로코에 여행갔을 때 시골 마을에 있는 낙타 전문 정육점에서 낙타의 다양한 부위가 해체된 채 판매되는것을 본 적 있다.

카타르에서는 TV에 낙타가 자주 등장한다. 현지 전통문화와 관련된 프로그램을 방영하는 TV 채널에서 낙타 경주를 자주 중계해주기 때문이다.

낙타 경주장에는 경주 트랙은 있지만 관중석은 따로 없다. 낙타가 트랙을 달리면 주인(조련사)이 차를 타고 같이 달리면서 소리를 지른다. 이때 낙타 등에는 작은 사람 모양의 로봇이 달려 있다. 이 로봇은 원격 조정을 통해 작은 막대기로 낙타 등을 때리기도 한다. 오래전에는 주로 아이들이 기수 역할을 했지만 인권 침해 요소가 있고 다칠 수도 있어 소형 로봇이 그 역할을 대신하고 있다.

● 낙타 경주용 트랙을 걷고 있는 낙타들

● 낙타 경주장에서 경주 중인 낙타. 낙타 등 위에는 작은 사람 모양의 로봇이 앉아 있고 주인은 트랙 밖에서 자동차를 타고 달리며 로봇을 조정한다.

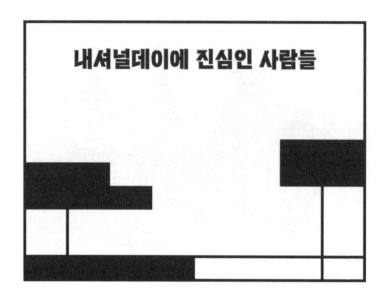

내셔널데이에 진심인 사람들

  큰 도로가 10대, 20대 젊은이들로 점령당했다. 카타르 국기를 흔들고 각종 파티 때 쓰는 눈 스프레이를 지나가는 차에 뿌린다. 바닷가와 공원에서는 폭죽을 터뜨리고 도로에는운전하며 경적을 울리는 이가 가득이다.

  쇼핑몰에서는 카타르 군복과 경찰복을 입은 어린아이가 많이 보인다. 한국 사람들은 아이에게 군복이나 경찰복을 사주는 편이 아니지만 카타르 사람들은 다르다.

  바로 12월 18일 내셔널데이이다. 건국 기념일 격인 카타르 내셔널데이에는 나라 곳곳이 축제 분위기이다. 주요 도로, 공원, 공공 기관, 쇼핑몰에 카타르 국기가 걸리는 건 물론 쇼핑몰의 아동복 매장은 11월 말부터 카타르 군복과 경찰복을 진

● 내셔널데이를 기념하기 위해 거리로 나온 사람들

● 내셔널데이를 기념하는 차량 행렬

열해놓는다. 카타르 국기 색깔의 히잡을 진열해놓은 여성 의류점도 있다.

카타르 사람들의 나라(나아가 왕실)에 대한 사랑과 신뢰는 상당하다. 자부심도 엄청나다. 세계적인 부국이어서 국민에게 넉넉한 재정적 혜택을 준다는 점, 그리고 최근 20여 년간 다양한 분야에서 중동 나아가 국제 사회에서도 많은 주목을 받았다는 점 때문이다.

카타르에서 근무하는 외교관과 외국계 기업 관계자도 내셔널데이 전후로는 카타르 국기 색깔의 넥타이를 매곤 한다. 당연히 카타르 사람들은 이런 모습을 흐뭇해한다.

그러나 짚고 넘어가야 할 부분도 있다. 내셔널데이 때 거리로 나오는 젊은이들의 모습이 상당히 위험하기 때문이다. 사람을 공격하는 일은 거의 없지만 도로에서 막무가내로 뛰어다니고 다른 차에 눈 스프레이를 뿌리는 모습은 여러모로 위험해 보였다. 심지어 운전면허증이 없는 10대들이 내셔널데이 때 운전하는 경우도 꽤 많다. 그런데도 경찰은 별다른 제지를 하지 않는다.

2022년 12월 18일에는 월드컵 결승전이 열렸다. 카타르가 얼마나 내셔널데이에 특별한 의미를 부여하는지를 보여주는 또 하나의 좋은 예다.

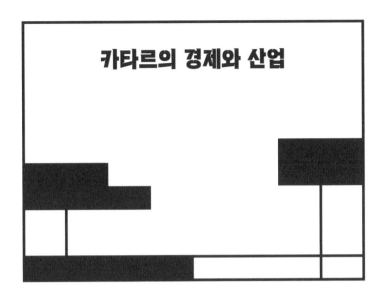

카타르의 경제와 산업

천연자원이 가져다준 부

카타르의 경제 이야기는 천연가스와 석유부터 시작해야 한다. 카타르는 천연가스와 석유 부국이다. 유엔국제산업분류 기준에 따르면 2020년 기준 카타르의 1인당 국민소득에서 천연가스와 석유가 차지하는 비중은 약 29%, 카타르 수출에서의 비중은 약 85%이다. 카타르 재정 수입 또한 천연가스와 석유 판매가 79%에 이른다. 전형적인 자원 의존형 경제 구조라고 할 수 있다.

지금은 주력 수출품이 천연가스이지만 카타르도 원래는 석유 수출 비중이 높았다. 2000년대 초반까지 재정 수입에서 석유 판매가 천연가스 판매를 앞질렀다. 하지만 그 이후부터 천연가스 비중이 지속적으로 늘었다.

천연가스와 석유 판매로 카타르 사람들의 주머니는 두둑하다. 말 그대로 카타르 사람들은 부자이다. 국제통화기금IMF에 따르면 1인당 국민소득에서 카타르는 세계에서 가장 높은 수준을 자랑한다. 참고로 2022년 기준 한국의 1인당 국민소득은 3만 3,590달러이고, 일본은 3만 4,360달러이다.

2022년 기준 걸프협력회의 국가들의 1인당 국민소득

국가	1인당 국민소득	국가	1인당 국민소득
카타르	8만 2,890달러	쿠웨이트	3만 8,120달러
사우디아라비아	2만 7,940달러	오만	2만 3,540달러
아랍에미리트	4만 7,790달러	바레인	2만 8,690달러

(출처: 국제통화기금)

카타르가 유독 1인당 국민소득에서 다른 걸프협력회의 국가를 앞설 수 있는 이유는 자국민 수가 적기 때문이다. 다른 걸프협력회의 나라도 카타르처럼 천연가스와 석유 판매를 통해 경제를 유지하지만 카타르는 챙겨야 할 자국민 수가 적다 보니 카타르의 복지 제도가 걸프협력회의 국가 중 가장 좋다.

세계 금융 시장의 '큰손' 카타르 국부펀드

카타르는 천연가스와 석유 판매를 통해 얻은 막대한 '가스 머니'와 '오일머니'로 세계적인 규모의 국부펀드를 조성했다. 미국 국부펀드연구소에 따르면 2022년 8월 기준 자산 총액 상위 20개 국부펀드 중 카타르 국부펀드_Qatar Investment Authority_는 약 4,610억 달러 규모이다. 이는 세계에서 아홉 번째에 해당한다.

국부펀드는 한 나라가 가지고 있는 외화를 비롯한 자산을 다양한 금융 상품, 기업, 원자재 등에 투자하는 국영 투자 기관이다. 국가 자산을 늘리고 나아가 국제 경제에서 영향력을 키우려는 의도가 담겨 있다. 실제로 적잖은 나라들이 특정 전략 산업, 안보 산업에서는 다른 나라 국부펀드의 투자를 제한하고, 반대로 국가의 자산 규모를 늘리기 위해서는 다양한 형태로 국내외 유망 산업과 상품에 투자하고 있다.

카타르 국부펀드는 2008년 글로벌 금융위기 때 다양한 글로벌 기업에 투자했다. 독일 폭스바겐과 포르셰, 영국 바클리즈은행과 스위스 은행인 크레디트스위스 등에 대규모 투자를 했고 높은 수익도 올렸다. 또한 외교 안보 측면에서 가까운 나라인 튀르키예가 경제 위기를 겪자 국부펀드를 통해 튀르키예 투자를 늘리기도 했다.

카타르 국부펀드는 문화 산업 측면에서도 주목을 받았다.

● 더 샤드　　　　● 해롯 백화점

영국의 랜드마크 빌딩인 '더 샤드'와 최고급 백화점 '해롯'을
인수한 것이다. 카타르 국부펀드의 자회사인 카타르스포츠인
베스트먼트는 프랑스 최고 명문 프로 축구팀인 파리 생제르맹
FC를 인수했다.

카타르 국민이 누리는 복지 혜택

카타르 국민이 누리는 복지는 말 그대로 세계 최고 수준이

다. 천연가스와 석유를 판매해 얻은 수입을 33만 명 정도의 자국민에게 풍부하게 제공한다.

카타르 사람들은 외국인에게 국가로부터 받는 혜택을 자세히 설명하지는 않는다. 하지만 고등 교육(대학, 대학원, 해외 유학 포함) 과정에 필요한 재원(학비와 생활비 모두)은 정부가 제공한다는 게 정설이다. 보건 의료와 육아 관련 비용도 마찬가지이다. 주택을 구입할 때도 정부에서 다양한 혜택을 준다. 세금도 거의 없다고 보면 된다.

카타르 사람들의 넉넉한 경제 사정은 그들의 옷차림과 자동차에서도 나타난다. 대부분 명품 가방, 시계, 볼펜, 지갑, 전자제품 등을 소지하고 있다. 자동차도 유럽과 일본의 고급 차를 탄다. 결혼한 여성들은 아이 수만큼 베이비시터를 두고 가사도우미와 운전기사를 여러 명 두는 경우도 많다.

조선업계의 글로벌 큰손

세계에서 1, 2위를 다투는 액화천연가스 수출국답게 카타르는 대형 액화천연가스 수송 선박 확보에 적극적이다. 액화천연가스 수송 선박은 조선업계에서는 가장 수준 높은 기술력이 발휘되는 분야 중 하나이다. 액화천연가스를 영하 162도의 저온에서 액화시키면 부피가 600분의 1 정도로 줄어드는데 이런 액

● 액화천연가스 수송선, '무자'

화천연가스를 고압, 저온 유지할 수 있는 기능을 갖춘 탱크를 선박에 설치한 채 안정적으로 운항해야 하기 때문이다. 그렇기 때문에 선박을 설계하고 만들 때 들어가는 비용도 가장 높은 축에 속한다.

천연가스 생산을 늘리는 과정에서 카타르는 액화천연가스 수송선 발주도 늘리고 있다. 2020년에는 현대중공업, 삼성중공업 등 한국 조선사들을 대상으로 100척의 대형 액화천연가스 수송선을 발주했다. 한국에 가장 많은 천연가스를 공급하고 있는 나라가 한국산 액화천연가스 수송선을 가장 많이 구입하고 있는 것이다. 당시 카타르의 액화천연가스 수송선 발주는 불경기로 어려움을 겪고 있던 한국 조선사에 큰 도움이 되었다.

　카타르 정부의 한국산 액화천연가스 수송선에 대한 관심은 지대하다. 2008년 7월 당시 왕비였던 무자 빈트 나세르 알미스네드 카타르재단 이사장이 삼성중공업의 거제 조선소를 직접 방문해 배 이름을 짓는 명명식에 참여했다. 당시 명명식이 열린 배는 2006년 카타르가 발주했던 2억 9,000만 달러 규모의 최첨단 대형 액화천연가스 수송선이었다. 통상 카타르가 발주한 액화천연가스 수송선에는 카타르 지명을 붙이는데 이 선박은 왕비 이름을 따 '무자'로 명명했다.

카타르의 새로운 관심 산업, 신재생 에너지 산업

　카타르는 2022 월드컵을 준비하는 과정에서 '친환경 월드컵'을 지향한다고 강조했다. 국제 사회에 월드컵 유치, 나아가 중동 국가로는 드물게 환경 문제에 관심이 많다는 이미지를 심기 위함이다. 카타르는 천연가스, 특히 액화천연가스가 석유나 석탄에 비해 오염 물질 배출을 적게 배출한다는 점도 지속적으로 강조해왔다.

　이와 같은 친환경 강조 전략 속에서 카타르는 태양광을 중심으로 한 신재생 에너지 산업 육성에도 많은 공을 들이고 있다. 카타르가 태양광발전에 관심을 가지는 이유는 사막, 고온 기후에 적합한 기술이기 때문이다. 현재 카타르는 태양광발전소 건설을 추진하고 있고 월드컵 경기장에 태양광발전을 이용한 냉방 시스템을 설치할 계획이다. 또 카타르 내 식량 생산과 농업에 필요한 전기의 약 80%를 태양광발전을 통해 공급한다는 계획도 가지고 있다.

태양광을 중심으로 한 신재생 에너지 산업을 육성하기 위해 카타르는 Q-컴퍼니들을 설립하기도 했다. 대표적인 Q-컴퍼니로는 카타르 솔러테크놀로지와 카타르 솔러에너지가 있다. 카타르 솔러테크놀로지는 태양광 모듈의 원료 제조사로 폴리실리콘을 생산하고, 카타르 솔러에너지는 태양광 관련 웨이퍼, 전지, 모듈 등을 생산한다.

카타르의 과제, 외국인 노동자 처우 개선

카타르의 2022 월드컵 유치는 카타르에게 과제를 남기기도 했다. 바로 카타르의 건설 현장을 중심으로 한 외국인 노동자들의 열악한 처우 문제이다.

외국인 노동자들의 열악한 처우는 모든 아랍권 산유국에 존재하는 문제이다. 다만 카타르는 월드컵이라는 세계적인 이벤트를 유치하다 보니 인권 단체와 언론의 집중적인 주목을 받았다.

언론과 인권 단체들은 카타르 내 외국인 노동자들의 열악한 거주 환경, 낮은 임금, 위험한 근무 여건 등을 꾸준히 지적하고 있다. 특히 영국 일간지 〈가디언〉은 심층 탐사 보도를 통해 2010년부터 인도, 파키스탄, 방글라데시 등에서 온 이주 노동자 6,500여 명이 카타르에서 사망했다고 전하기도 했다.

외국인 노동자 처우 문제에 대한 비판이 강하게 제기될 때마다 카타르 정부는 반박하거나 개선 방안을 마련하겠다고 강조해왔다. 하지만 아직까지는 '개선이 더 필요하다'는 의견이 많다. 이 과정에서 카타르뿐 아니라 다른 아랍 산유국에도 비슷한 문제 제기가 이루어질 가능성이 크다.

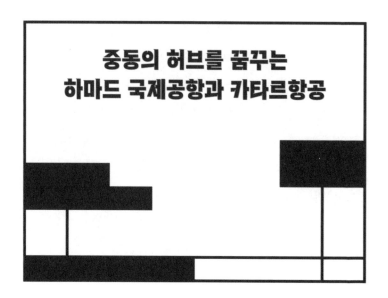

중동의 허브를 꿈꾸는
하마드 국제공항과 카타르항공

해외 진출의 관문, 하마드 국제공항

2014년 4월 문을 연 하마드 국제공항Hamad International Airport 은 카타르를 세계로 잇는 관문이자 중동의 허브로 자리매김하려는 카타르의 전략을 잘 보여주는 상징적인 장소이다. 카타르는 하마드 국제공항 건설 프로젝트에 150억 달러 이상을 들였다.

도하의 동쪽 바다를 메꾸어 만든 하마드 국제공항은 아랍에미리트 두바이의 두바이 국제공항Dubai International Airport 보다 작다. 그리고 먼저 문을 연 두바이 국제공항보다 상대적으로 덜 유명하다. 그러나 고급스러운 디자인과 인테리어, 24시간 면

세점 영업, 내부 홀 한가운데 서 있는 7m 높이의 대형 '노란색 테디베어 인형'으로 유명세를 타고 있다. 스위스의 비주얼 아티스트 우르스 피셔Urs Fischer의 작품인 독특한 모양의 테디베어 인형은 하마드 국제공항의 상징물로 여겨진다. 공항에 대형 인형을 장식물로 사용한 예가 없었던 터라 풍성한 이야깃거리가 되고 있다. 카타르 왕실의 누군가가 테디베어 인형을 좋아하는 것 아니냐는 이야기가 나온 적도 있다.

카타르 정부는 하마드 국제공항을 지속적으로 확대하고 보완하고자 한다. 시간이 지날수록 두바이 국제공항과 하마드 국제공항 간의 자존심 대결이 더 강해질 것이라는 전망도 나온다.

가장 빠르게 성장한 항공사 카타르항공

천연가스와 석유를 뺀다면 한국에서 가장 유명한 카타르 관련 아이템은 무엇일까? 은근히 많은 사람이 카타르항공을 꼽는다. 서울-도하 간 항공편을 운영하는 항공사는 카타르항공이 유일하다. 한국 사람들에게 카타르항공은 스페인, 그리스, 키프로스, 모로코, 이집트 같은 나라를 여행할 때 이용하는 항공사로 알려져 있다. 도하를 경유해 이 나라들의 주요 도시로 들어가는 항공편이 꽤 많기 때문이다.

카타르항공은 이름에서 느껴지듯 카타르의 국영 항공사이

● 하마드 국제공항

다. 에미레이트항공(아랍에미리트 두바이 국영 항공사), 에티하드 항공(아랍에미리트 아부다비 국영 항공사), 튀르키예항공(튀르키예 국영 항공사), 사우디아(사우디아라비아 국영 항공사)와 함께 중동에서 가장 큰 규모를 자랑하고 있다.

1993년 설립된 카타르항공은 설립 초기에는 특별히 주목받거나 공격적인 전략을 보이지 않았다. 그러나 2000년 전후로 카타르의 본격적인 개혁, 개방 전략이 가동되면서 카타르항공에 대한 투자도 파격적으로 늘어났다. 중동과 유럽을 중심으로 다양한 노선 개발에 나섰고 수준 높은 서비스를 제공하며 브랜드 이미지를 단기간에 크게 개선했다.

또한 신형 항공기를 적극적으로 확보하기도 했다. 양대 글로벌 상업용 항공기 제작사인 보잉(미국)과 에어버스(유럽)가 카타르항공을 최고의 고객 중 하나로 꼽는다는 이야기가 있을 정도이다. 카타르항공은 스카이트랙스•의 고객 만족도 평가에서도 꾸준히 최상위권에 올랐다. 특히 스카이트랙스가 선정한 '5성급 항공사'에 이름을 올렸고, 국제항공운송협회가 진행한 안전 검사에서는 처음으로 만점을 받은 항공사라는 기록도 남겼다.

2022년 1월 기준 카타르항공은 233대의 항공기를 보유하고 있다. 2022년 5월 기준 각각 163대와 81대의 항공기를 보

• 유명 항공사 평가 기관

● 카타르항공

유한 대한항공과 아시아나항공보다 많다. 카타르항공이 급성장할 수 있었던 이유는 정부의 파격적인 지원과 1997년부터 CEO로 활동해온 아크바르 알바케르*Akbar Al Baker*의 리더십이 중요한 요인으로 꼽힌다. 항공 전문가 출신인 그는 공격적인 시장 전략으로 카타르항공의 성장세를 이끌어왔다. 또한 그는 카타르항공의 경영뿐 아니라 카타르 정부의 항공, 공항, 관광 정책에도 많은 영향력을 끼치는 것으로 알려져 있다.

실제로 아크바르 알바케르 CEO는 하마드 국제공항의 기획 및 개발 과정에서 중요한 역할을 했고, 카타르 관광청 회

장도 역임했다. 글로벌 항공
사 간의 3대 동맹체* 중 하나
인 원월드의 회장으로도 활
동 중이다.

● 아크바르 알바케르 카타르항공 CEO

카타르항공에는 한국인
승무원이 많이 근무하고 있
다. 500명 이상의 승무원
이 일했던 적도 있다. 한국
인 승무원 수는 카타르에 거주하는 한국 교민 수에 큰 변
수로 작용한다. 그래서 주카타르한국대사관에서는 카타르
항공에서 일하는 한국인 승무원의 수를 항상 관심 있게 파
악하고 있다.

● 스카이팀, 스타얼라이언스, 원월드

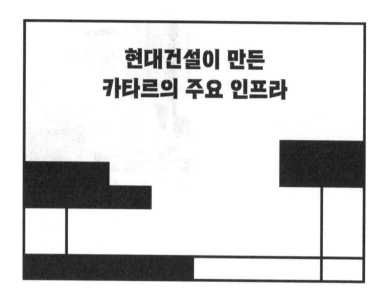

현대건설이 만든
카타르의 주요 인프라

　한국 건설사들은 오래전부터 중동에서 다양하고 의미 있는 대규모 프로젝트들을 수주해왔다. 특히 중동에서는 삼성전자와 LG전자, 현대자동차와 기아자동차 같은 기업보다 건설사들이 먼저 이름을 알렸다.

　한국 건설사 중 현대건설은 카타르 사람들, 특히 정부 관계자들 사이에서 명성이 높다. 카타르를 대표하는 건축물과 사회 인프라를 여러 건 건설했기 때문이다. 현대건설은 1981년 12월 완공된 도하 쉐라톤호텔로 일찌감치 카타르에서 확실한 존재감을 보여주었다. 피라미드를 모티브로 지은 이 거대한 삼각형 형태의 건축물은 지금은 도하 도심에서 오래된 건물로 여겨진다. 주변에는 훨씬 더 현대적인 디자인과 큰 규모의 건물이 즐비하다.

하지만 쉐라톤호텔이 지어질 당시에는 이 건축물이 도하 도심에서 가장 먼저 생긴 고층 건물로 꼽혔다. 그리고 이때부터 카타르는 본격적으로 도하 도심을 조성하기 시작했다. 카타르 사람들, 특히 40대 이상의 사람들에게는 쉐라톤호텔이 도하에 생긴 첫 번째 현대적인 디자인의 고층 건물이라는 인식이 남아 있다. 특히 이 호텔에서는 각종 외교 행사가 많이 열린다. 미국과 아프가니스탄 탈레반 간의 전쟁 종결 협상도 이곳에서 체결되었다. 또한 카타르 정부가 매년 주관하는 국제 포럼인 도하포럼도 주로 쉐라톤호텔에서 열린다. 2000년 카타르에 폭우가 쏟아졌을 때 도하 시내 대형 건물 대부분이 침수 피해를 입었지만 쉐라톤호텔은 별다른 피해를 입지 않아 화제가 되기도 했다.

2019년 3월 완공된 카타르 국립박물관은 현재 카타르를 상징하는 건물로 여겨진다. 사막장미를 모티브로 설계된 독특한 모양은 공사가 진행될 때도 전 세계적인 관심을 받았다. 타밈 빈 하마드 알사니 국왕과 알 마야사 빈트 하마드 알사니 공주를 비롯한 주요 왕실 인사들이 공사가 진행되는 중에도 깊은 관심을 가졌고 개관식에도 직접 참석했기 때문이다.

2016년 4월에 완공된 카타르의 대표 국립병원인 하마드 메디컬시티 건설도 현대건설이 주도했다. 네 개 병원 건물 중 세 개(여성, 외래, 재활 병동)의 시공을 현대건설이 담당했다. 현대건설이 공사를 맡은 건물 연면적은 17만 8,000㎡에 이른다. 현대건설에 따르면 한국 최대 의료 시설인 삼성의료원(14만 8,000㎡)보다 3만㎡가 더 크다고 한다. 하마드 메디컬시티는 건물마다 호텔을 연상케 하는 고급 인테리어와 최신식 의료 장비가 설치되어 있다.

카타르 사람들에게 일상에서 이용하는 건축물들을 만든 현대건설에 대한 인식은 좋은 편이다. 현대 건설은 월드컵을 준비하는 과정에서 조성된 신도시 루사일의 고속도로 건설(2019년 12월 완공)을 진행했다. 왕복 16차로에 터널 10개, 교량 4개로 구성된 이 고속도로는 도하 도심에서 인공섬인 펄 카타르와 루사일을 잇는 구조로 만들어졌다. 고속도로의 남쪽 시작점이라고 할 수 있는 지역(도하 도심 쪽)에 100m 높이의 대형 아치 구조물이 있다는 것도 특징이다.

일반인들이 직접 사용하지는 않지만 카타르 경제에 큰 역할을 하는 산업용 시설 중에도 현대건설이 만든 것이 있다. 현대건설은 2006년 카타르의 천연가스와 석유 관련 시설이 밀집해 있는 라스라판 지역의 대형 GTL 공정 프로젝트 중 일부를 수주해 2011년 11월 완공했다. 좀 더 자세히 살펴보면 현대건설은 합성 석유를 판매할 수 있는 형태로 정제시키는 시설을 만드는 LPU Liquid Processing Unit 관련 프로젝트를 수주했다.

2011년 4월 완공된 라스라판 C 복합화력발전소도 생활에 큰 도움을 주고 있는 시설이다. 이 발전소는 천연가스를 이용

● 도하 쉐라톤호텔

● 카타르 국립박물관

● 하마드 메디컬시티

● 루사일 고속도로

● 카타르 비료 생산 공장

해 전력을 생산하는 과정에서 바닷물을 이용해 생활용수도 만든다. 현대건설에 따르면 라스라판 C 복합화력발전소에서는 국내 신고리 원자력발전소 3, 4호기에서 생산되는 전력의 약 두 배를 생산할 수 있다. 또한 하루 2억 8,640만 리터의 물을 생산할 수 있는데 이는 카타르 인구의 절반이 쓸 수 있는 양이다.

카타르 국가 비전 2030

카타르의 개혁·개방 정책과 이로 인한 성과는 대부분 '카타르 국가 비전 2030'을 통해 이뤄졌다고 할 수 있다.

카타르 국가 비전 2030은 카타르의 경제, 사회 발전을 위한 전략 로드맵이다. 카타르 정부를 중심으로 다양한 글로벌 컨설팅 기업, 연구 기관들이 2003년부터 연구를 시작했고 2006년 하마드 빈 칼리파 알사니당시 국왕이 직접 발표했다.

카타르 국가 비전 2030은 경제 발전, 사회 개발, 인력 개발, 환경 개발 등을 핵심 이슈로 삼고 있다. 구체적으로 인력 개발 분야에서는 교육, 보건, 고용 부문을, 경제 발전에서는 지속적인 유전과 가스전 개발, 산업 다각화 등을 다루고 있다. 또한 사회 개발 분야에서는 복지와 국제 협력을, 환경 개발에서는 도시 개발과 기후 변화 등을 다룬다.

카타르 국가 비전 2030은 현재 국가의 핵심 동력이라고 할 수 있는 천연가스와 석유 개발을 더욱 효율적으로 진행하고 동시에 교육, 문화, 과학 산업에 대한 경쟁력을 더욱 확보한다는 목표를 가지고 있다. 이를 통해 카타르의 지식 경제 역량을 더욱 키우겠다는 의도이다. 현재 카타르가 추구하는 교육, 문화, 외교 분야를 중심으로 한 중동의 허브 전략도 카타르 국가 비전 2030을 통해 추진되고 있다고 생각하면 된다.

이러한 '국가 비전 만들기'는 사실 카타르뿐 아니라 많은 중동 나라 특히 산유국들이 적극적으로 추진하고 있다. 사우디아라비아의 경우도 국제 사회에서 '사우디 비전 2030'으로 많은 주목을 받고 있다. 사우디 비전 2030은 사우디아라비아가 아랍, 나아가 중동의 패권 국가를 지향한다는 점 때문에 주변 다른 나라의 경제 발전 계획보다 더욱 많은 주목을 받아왔다.

사우디 비전 2030의 경우 사우디아라비아에서 '미스터 에브리싱Mr. Everything'으로 불리는 무함마드 빈 살만 알사우드Mohammed bin Salman Al Saud 왕세자가 직접 기획한 것으로 유명하다. 사우디 비전 2030이 크게 주목받았던 이유는 석유에 절대적으로 의존해왔던 사우디아라비아가 앞으로는 '탈석유'를 지향하겠다고 선언했기 때문이다. 즉 석유에 전적으로 의존하는 경제 구조를 관광 및 문화 산업, 정보 기술, 신재생 에너지 등을 활성화시키는 방향으로 개편하겠다는 내용이 매우 큰 비중으로 담겨 있다.

함께 생각하고 토론하기

카타르는 천연가스와 석유가 많이 생산되는 자원 부국입니다. 이를 통해 국민에게 다양하면서도 수준 높은 복지 혜택을 제공하고 있습니다. 카타르는 천연가스와 석유뿐 아니라 미디어, 신재생 에너지, 금융 같은 분야에서도 국가 차원의 다양한 개발 전략을 마련하고 있습니다.

● 카타르가 천연가스와 석유가 아닌 산업을 육성하는 데도 관심을 기울이는 이유가 무엇인지 생각해봅시다.

● ● 카타르와 한국이 경제, 사회, 문화 부문에서 협력한다면 어떤 방식으로 진행하는 것이 좋을까요? 각 분야의 전문가가 되어서 여러 가지 방안을 제안해봅시다.

3부

역사로 보는
카타르

우리는 이 땅에서 단 한 번만 살아가지만,
바르게 살아간다면 한 번만으로도 충분하다.

- 하마드 빈 칼리파 알사니

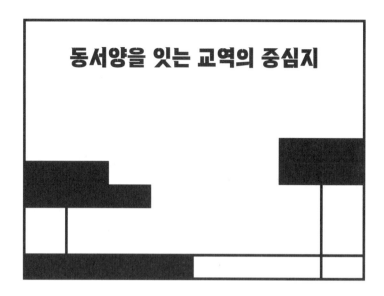

동서양을 잇는 교역의 중심지

카타르에는 기원전 6세기부터 원주민이 살기 시작한 것으로 알려져 있다. 특히 알코르, 서쪽 지역인 비르 제크리트, 라스 아바루크 같은 지역에서 발굴된 다양한 도기는 카타르가 기원전 4~5세기 메소포타미아(지금의 이라크) 지역의 알우바이드 문명의 영향을 받았다는 것을 보여준다.

기원전 2~3세기에는 걸프만을 접해 있는 아라비아반도 내 지역(주로 아라비아반도의 동쪽을 의미)에서 교역이 발달한 곳으로 여겨졌고, 메소포타미아는 물론 인도와도 교류가 있었다. 카타르라는 지명은 기원후 2세기에 등장했다. 당시 만들어진 아랍권 지도에 '카타라Qatara'로 표기되기 시작한 것이다. 3세기 페르시아(지금의 이란)의 영향력이 커지던 시절 카타르를 포함한

● 고대부터 카타르 지역에서는 교역이 활발히 이뤄졌다. 또 전통 아랍식 배를 이용한 진주 조개 채취와 고기잡이 역시 활발히 진행되었다.

아라비아반도는 동양과 서양을 잇는 교역의 중심지였다. 이 시기 카타르에서 이뤄진 교역은 현지 원주민, 인도, 이라크, 이란, 유럽 등에서 온 상인들이 주도했다. 이들은 진주, 마른 생선, 도기는 물론 향료, 염료, 금과 은 등도 거래했다.

이슬람을 받아들인 알마나제라 가문

카타르에 이슬람이 전해진 것은 7세기 때이다. 당시 카타르 반도를 통치하고 있는 알마나제라*Al Manajera* 가문이 이슬람을 받아들였다.

이슬람의 창시자이며 예언자로 꼽히며 사우디아라비아 지역에서 주로 활동한 무함마드*Muhammad*가 628년 알 알라 알하드라미*Al Ala Al Hadrami*를 당시 바레인, 쿠웨이트 해안 지역, 카타르 등을 통치하고 있던 알마나제라 가문의 알 문디르 이븐 사와 알타미미*Al Mundhir ibn Sawa Al Tamimi*에게 사절을 보낸 것이 계기가 되었다. 무함마드의 사절 파견을 계기로 카타르를 비롯한 인근 지역의 거주민들은 이슬람을 믿기 시작했다.

카타르에서 진주 캐기가 활성화되고 진주 교역이 발달한 것은 8세기부터이다. 걸프만을 중심으로 인근 바다에서 양질의 진주조개가 많이 발견되고 다양한 지역에서 진주의 수요가 많았기 때문이다. 이때부터 진주를 채취한 뒤 다양한 지역에서 온 상인들을 통해 유통시키는 게 현지 거주민들의 주 수입원이 되었다.

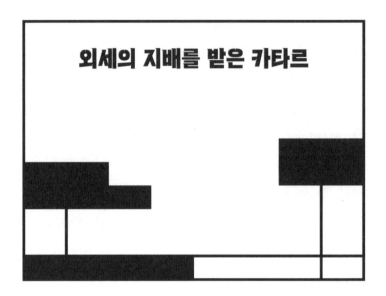

외세의 지배를 받은 카타르

해상 무역에만 관심을 둔 포르투갈

카타르 지역은 아라비아반도에서도 변방으로 여겨졌다. 그런 만큼 역사적으로 부각되거나 큰 조명을 받지 못했다. 그러나 근대에 들어와 주요 열강들이 카타르 지역에 진출하면서 관심을 받기 시작했다.

카타르에 가장 먼저 등장한 나라는 포르투갈이다. 해양 강국이었던 포르투갈은 16세기 초 다양한 항로를 개척했다. 이 과정에서 호르무즈 해협에도 진출했고 아라비아반도와 걸프 지역에 대한 영향력을 키웠다. 포르투갈은 1498년부터 150년간 카타르를 통치했다.

하지만 포르투갈이 카타르를 통치하던 시절의 유산은 거의 남아 있지 않다. 카타르에 자국민을 보내 거주시켜 개발해야 된다는 필요성을 포르투갈이 느끼지 못했기 때문이다. 이는 아마도 카타르의 척박한 기후나 환경 탓일 가능성이 크다. 대신 포르투갈은 이 지역의 해상 무역을 주도하고 관리하는 전략을 택했다. 진주, 비단, 금, 은 등을 안정적으로 거래하고 유통하는 데 초점을 맞췄다.

오스만 제국의 카타르 통치

1650년부터 카타르는 오스만 제국(지금의 튀르키예)의 영향력 아래 들어갔다. 오스만 제국은 포르투갈 세력을 아라비아반도에서 몰아낸 뒤 카타르는 물론 사우디아라비아와 쿠웨이트까지 자신들의 지배권 아래 두었다.

이슬람을 믿었던 오스만 제국은 이슬람의 발상지인 아라비아반도에 대한 영향력 확보에 관심이 많았다. 그런 만큼 과거의 포르투갈보다 이 지역에 대한 통치에 더 신경을 썼다.

영국 보호령이 된 카타르

19세기 들어 영국이 중동 지역에서 막강한 영향력을 발휘하기 시작했다. 20세기부터는 카타르를 포함한 걸프 지역에 영국의 힘이 압도적인 상황이 되었다. 오스만 제국이 급속히 약화되고 있었기 때문이다. 1차 세계대전 당시 오스만 제국은 독일과 동맹국 진영을 구성해 미국, 영국, 프랑스 등의 연합군과 싸웠으나 전쟁에서 패하면서 급격히 세력이 약화되기 시작했다. 반면 영국은 국력이 상승했을 뿐 아니라 안정적인 자원 확보와 안보 전략 차원에서 요충지인 중동에 대한 영향력을 키우는 데 공을 들였다. 결국 1916년 오스만 제국은 카타르에서 물러났고 영국이 1918년 압둘라 빈 자심 알사니*Abdullah bin Jassim Al Thani* 국왕과 보호 조약을 체결했다. 이로써 카타르는 영국의 영향력 아래 놓여지게 되었다.

영국은 19세기 중반부터 이미 아라비아반도의 토후 세력들과 관계를 맺고 그들에 대한 자치권과 권력 행사를 인정하는 방식의 전략을 구사했다. 그 결과 상대적으로 적은 비용과 현지인들의 반발 없이 통치할 수 있었다. 이에 대해 영국은 아라비아반도 내 토후국들을 통치하면서 이 지역의 갈등과 불안정성을 해소했다고 주장한다. 하지만 이런 주장에 대해 영국의 제국주의 합리화와 옹호를 위한 논리라는 비판도 만만치 않다.

카타르는 영국이 통치하던 1939년 석유를 발견하고 1949년부터 석유를 수출하기 시작했다. 석유 수출에 따른 수입과 영국의 지원 아래 카타르는 1950년대 발전소와 담수화 시설, 공항 같은 경제·사회 인프라를 조성했다. 영국은 1968년 카타르를 포함한 걸프 지역 토후국들과 맺었던 보호 조약을 더 이상 유지하지 않겠다고 밝힌 후 1971년 이 지역에서 철수했다.

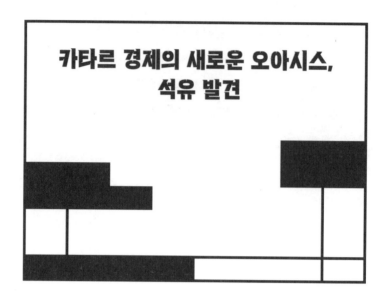

카타르 경제의 새로운 오아시스, 석유 발견

카타르에서 석유가 발견되기 전부터 진주 무역은 붕괴되고 있었다. 1920년대 들어서며 1차 세계대전의 여파로 진주 무역은 어려움을 겪었다. 특히 1930년대에는 전 세계가 불황에 신음하며 진주 산업은 더욱 흔들렸다. 불황이 심해지고 전쟁의 불안감이 커지면서 고가의 의류, 보석, 장식품 등의 재료로 쓰였던 진주의 수요가 크게 줄어들었다. 결정적으로 1933년 일본이 대규모 진주 양식에 성공하면서 카타르에서 채취하는 진주에 대한 의존도는 더욱 줄어들었다. 양식 진주는 걸프만산 진주보다 훨씬 적은 비용으로 대량 생산이 가능했기 때문이다.

카타르의 현대사는 석유의 발견을 중심으로 흘러간다. 1939년 카타르에서 처음 석유가 발견된 곳은 서쪽에 위치한 두칸 지역이

● 카타르에서 처음 석유가 발견된 두칸 지역의 바닷가

● 카타르 국립박물관의 석유 관련 전시물. 카타르의 역사는 석유 없이는 이야기할 수 없다.

었다. 카타르에서 석유 탐사가 시작된 지 5년 만이었다. 석유 발견을 계기로 진주 채취 및 무역, 어업이 중심이었던 카타르의 산업 구조는 석유를 중심으로 바뀌기 시작했다. 석유는 카타르 경제에 새로운 오아시스 발견이나 다름없었다.

그러나 1939년 2차 세계대전이 터지면서 카타르의 석유 탐사는 적극적으로 진행되기 어려웠다. 결국 카타르의 석유 산업은 2차 세계대전이 끝나고 어느 정도 안정기가 찾아온 1950~1960년대부터 본격적으로 성장하기 시작했다. 전후 복구 및 산업 인프라 확충 움직임이 전 세계적으로 확산되면서 석유 수요가 늘었고 카타르 역시 석유 판매를 통한 수입이 늘어났다. 석유 산업에 종사하는 외국인들의 유입도 많아졌으며 카타르 사람들의 소득과 복지가 크게 개선되었다.

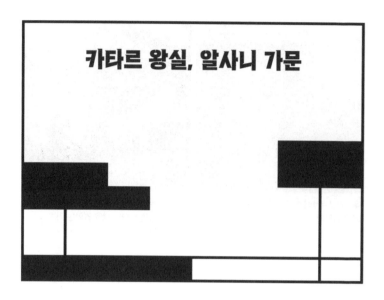

카타르 왕실, 알사니 가문

알사니 가문은 과거에는 큰 주목을 받지 못하다가 비교적 최근에 영향력이 커졌다. 국제 사회에 카타르의 영향력이 커지면서 알사니 가문에 대한 관심 역시 커진 것이다.

유목민이었던 알사니 가문은 18세기 중앙 아라비아의 남부 지역인 나즈드에서 카타르 동부로 이주했다. 그러나 당시 그 지역에는 목초지가 부족했던 터라 안정적인 생활을 위해 카타르 해안가에 정착한 것으로 알려지고 있다. 이들은 해안가에 정착하면서부터 진주 채취에 많은 공을 들였다.

알사니 가문이 아라비아반도에서 유력 가문으로 성장하게 된 시기는 1847년 도하에 정착하기 시작하면서부터이다. 당시 사우디아라비아 왕가의 파이잘 빈 투르키 알사우드_Faisal bin Turki_

*Al Saud*와 동맹을 맺을 만큼 주변에서도 영향력을 인정받기 시작했다. 이 과정에서 바레인을 기반으로 카타르를 통치했던 알칼리파*Al Khalifa* 가문과의 세력 다툼도 치열해졌다. 알사니 가문은 1867년 알칼리파 가문과 전쟁을 치렀고 1878년 지금의 카타르 지역을 전체적으로 통치하기 시작했다. 이 과정에서 당시 중동을 포함해 세계적으로 영향력을 확장하던 영국도 알사니 가문을 카타르의 통치자로 인정했다.

카타르의 변화를 이끈 하마드 빈 칼리파 알사니

카타르에서 생활하며 가장 많이 접하는 단어 중 하나는 '하마드*Hamad*'이다. 아랍 문화권에서 비교적 흔한 남자 이름이다. 카타르의 관문이라고 할 수 있는 국제공항의 이름도 하마드국제공항이며, 카타르에서 가장 큰 항구 이름 또한 하마드항이다. 카타르의 국립병원 역시 하마드 메디컬시티이다. 조금 과장해서 카타르의 주요 인프라는 사실상 '하마드로 통한다.'

그렇다면 여기서 말하는 하마드는 누구일까? 바로 현재 카타르를 이끌고 있는 타밈 빈 하마드 알사니 국왕의 아버지인 하마드 빈 칼리파 알사니 상왕이다.

1952년생인 하마드 빈 칼리파 알사니 상왕은 현지에서는 보통 '아버지 에미르*Father Emir*'라고 불린다. 한국어로 '아버지

국왕'이라고 해석할 수 있다. 카타르 사람들의 하마드 빈 칼리파 알사니 상왕에 대한 존경심과 애정은 상당하다. 그가 왕위에 오른 1995년부터 카타르가 국가 차원에서 천연가스 시추 및 생산 역량을 키웠기 때문이다.

물론 카타르는 이전에도 석유와 천연가스를 생산했지만 새로운 유전과 천연가스전을 찾아내고 확대하는 데는 그다지 적극적이지 않았다. 하마드 빈 칼리파 알사니가 재임하면서 천연가스 생산을 대대적으로 늘린 것이다. 그가 통치하던 시기에 카타르는 세계적인 액화천연가스 수출국이 되었다. 그러자 카타르의 국가 재정과 국민에 대한 복지 혜택도 크게 개선되었다. 말 그대로 '국민을 편안하고 부유하게 만든 왕'이었던 것이다.

주변국과는 다른 행보

하마드 빈 칼리파 알사니 상왕은 1995년 국왕 자리에 오를 때 아버지인 칼리파 빈 하마드 알사니 *Khalifa bin Hamad Al Thani*를 무혈 쿠데타로 몰아냈다. 왕세자가 국왕을 축출한 격이다. 당시 칼리파 빈 하마드 알사니 국왕은 스위스에 머물고 있었는데 축출당한 후 프랑스에서 머물다 2004년 카타르로 돌아왔다.

비록 심각한 물리적 충돌은 없었지만 아버지를 왕좌에서 밀

어냈다는 점 때문에 하마드 빈 칼리파 알사니는 왕위에 오른 뒤 사우디아라비아와 아랍에미리트 왕실의 많은 비판을 받았다. 또 걸프 왕정 국가의 전통과 규열에 어긋나는 사건이 일어났다는 것에도 불쾌감을 드러냈다. 사우디아라비아와 아랍에미리트 모두 이웃 나라인 카타르에서 연로한 국왕을 몰아내는 사건이 혹시라도 자국의 반대 세력을 자극할까 봐 부담스러웠던 것이다. 카타르 내부에서도 칼리파 빈 하마드 알사니를 지지하는 세력이 적잖은 반대 목소리를 냈다.

카타르의 위상을 높이다

이런 위기 상황에서 하마드 빈 칼리파 알사니는 왕위에 오른 뒤 카타르를 완전히 바꾸기 시작했다. 특히 천연가스와 석유 외에 딱히 내세울 게 없는 카타르의 국제적인 위상을 적극적으로 높이기 시작했다.

먼저 1996년 알자지라를 설립해 중동의 미디어 시장을 주도했다. 또 공항, 항만, 도시 개발 등을 적극적으로 추진하고 2006 도하아시안게임과 2022 카타르월드컵 같은 국제 행사를 유치하는 데도 성공했다. 카타르항공에 대한 대규모 투자를 감행해 아랍에미리트의 에미레이트항공, 에티하드항공과 함께 중동을 대표하는, 나아가 세계 정상급의 평판을 지닌 항공사로 키운 것도 하마드 빈 칼리파 알사니가 국왕일 때 나온 성과이다.

이처럼 하마드 빈 칼리파 알사니는 카타르 개혁, 개방의 전략을 기획해 궤도에 올린 인물이다. 당연히 국민의 신뢰가 높을 수밖에 없다.

파격적인 왕위 양도

2013년 6월 하마드 빈 칼리파 알사니는 아들인 타밈 빈 하마드 알사니 현 국왕에게 왕위를 양도했다. 보수적인 아랍권의 왕실 문화에서는 상상하기 힘든 일이다. 특히 카타르와 비슷한 문화, 정치, 경제 체제를 지닌 사우디아라비아, 아랍에미리트, 바레인, 쿠웨이트, 오만 같은 나라에서는 충격적인 일이었다. 더 나아가 왕실의 변화를 원하는 국민을 자극할 수 있는 부담스러운 변화였다.

반대로 카타르는 왕실의 변화를 자연스럽게 추진할 수 있는 계기가 되었다. 또 하마드 빈 칼리파 알사니가 미리 왕위를 양도함으로써 젊은 국왕이 안정적으로 기반을 잡게 만들어주는 역할을 하고 자신이 지속해온 개혁, 개방 정책을 더욱 원활하게 수행할 수 있도록 지원할 수 있었기 때문이다.

타밈 빈 하마드 알사니 국왕의 활약

실제로 타밈 빈 하마드 알사니 국왕은 아버지가 닦아놓은 성장세를 이어받아 지속적으로 다양한 개혁·개방에 나섰다. 특히 외교적으로 카타르의 국제적 위상을 높이고 있다는 평가를 받고 있다. 카타르 역사상 가장 큰 위기라고 평가받는 카타르 단교 사태가 터졌을 때도 큰 충돌이나 무리 없이 국정을 수행해 나라 안팎에서 높은 평가를 받았다.

2021년 8월 미군의 아프가니스탄 철수 때는 카타르가 서방과 탈레반 간의 중재 역할을 수행하며 '중동 외교의 중심지'임을 톡톡히 보여줬다. 2022년 2월 러시아의 우크라이나 침공으로 유럽 국가들이 러시아산 천연가스 수입을 줄이거나 중단할 때는 미국의 조 바이든*Joe Biden* 대통령이 타밈 빈 하마드 알사니 국왕에게 '천연가스 공급과 관련된 카타르의 역할'을 강조하며 협조를 구했다. 카타르가 지속적으로 국제 사회에서 외교적으로 중요한 성과를 만들어나가는 모멘텀을 이어가고 있는 것이다.

그래서일까? 카타르에서는 많은 공공장소에서 하마드 빈 칼리파 알사니 상왕과 타밈 빈 하마드 알사니 국왕의 사진이 걸려 있는 모습을 볼 수 있다. 특히 타밈 빈 하마드 알사니 국왕의 경우에는 사진과 캐리커처로 만들어진 스티커도 볼 수 있다. 많은 사람이 타밈 빈 하마드 알사니 국왕의 캐리커처 스티

커를 자동차에 붙이고 다닌다. 특히 카타르 단교 사태가 이어
질 때는 이런 모습이 더 강하게 나타났다.

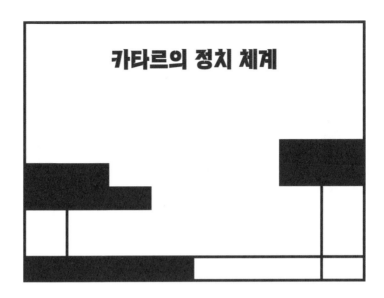

카타르의 정치 체계

국왕 중심의 정치와 행정

카타르는 국왕을 국가 원수로 삼고 있으며 국왕 자리는 세습된다. 국왕은 행정부의 수장으로 중요한 정책의 기획과 결정을 담당하는 역할을 하고 있다.

현재 카타르를 이끌고 있는 국왕은 타밈 빈 하마드 알사니이다. 1980년에 태어난 그는 아라비아반도에 위치한 아랍 왕정 산유국의 국왕 중 가장 젊은 지도자이.

타밈 빈 하마드 알사니 국왕은 다른 아랍 왕정 산유국에서는 찾아볼 수 없는 방식으로 2013년 6월 국왕 자리에 올랐다. 아버지이자 직전 카타르 국왕이었던 하마드 빈 칼리파 알사니

● 타밈 빈 하마드 알사니 국왕　　　● 하마드 빈 칼리파 알사니 상왕

가 살아 있을 때 왕위를 물려받았기 때문이다. 주변의 아랍 왕
정 산유국에서는 대개 국왕이 사망해야 새 국왕이 즉위한다.

　하마드 빈 칼리파 알사니가 생전에 아들에게 왕위를 양도한
가장 큰 이유는 왕실과 정부의 안정적인 운영을 위해서였다.
주변 아랍 왕정 국가들을 보면, 국왕이 별세한 뒤 형제나 아들
이 왕위를 계승할 때 크고 작은 갈등과 권력 다툼이 생겨 나라
가 혼란에 빠지곤 했다. 이를 최대한 방지하려 했다는 뜻이다.
또한 젊은 국왕을 다양한 방식으로 지원할 수 있을 때 왕위를
물려주는 게 적합하다고 판단했다는 평가도 나온다.

　타밈 빈 하마드 알사니 국왕은 영국의 샌드허스트육군사관
학교를 졸업하고, 아버지가 국왕 시절 중점을 두고 추진했던

카타르의 다양한 개혁·개방 정책과 프로젝트를 이어서 수행하고 있다. 특히 카타르의 정체성을 유지하면서도 국제적 위상을 높이는 데 많은 공을 들이고 있다. 카타르를 작지만 강한 나라, 중동의 외교·교육·문화·미디어 허브, 소프트파워 강국으로 성장시키는 데도 관심이 많다.

타밈 빈 하마드 알사니 국왕은 2014년과 2019년 한국을 방문했다. 2024년은 한국과 카타르 수교 50주년인 해다. 그리고 2023년 10월에는 윤석열 대통령의 카타르 방문을 계기로 한국과 카타르는 '포괄적 동반자 관계'에서 '포괄적 전략 동반자 관계'로 협력 수준을 높이기로 했다. 타밈 빈 하마드 알사니 대통령의 한국 방문이 다시 한번 이루어질지 궁금하다.

카타르의 입법부와 사법부

카타르에서 국회(입법부) 역할은 '슈라*Shura Council*'라고 불리는 자문위원회가 맡고 있다. 슈라는 총 45명으로 구성되며 30명이 선거로 선출되고 국왕이 15명을 임명한다. 카타르를 포함해 많은 아랍권 나라에 슈라가 있지만 한국, 미국, 일본, 영국의 의회처럼 정부에 대한 비판을 강하게 하고 주요 정책 결정 과정에 깊이 개입하지는 않는다. 또한 정당 활동도 없다. 실질적인 국가 운영과 정책 결정은 국왕을 중심으로 이루어진다고 생각하면 된다.

카타르의 법체계는 이슬람이 국교인 대부분의 아랍권 국가들처럼 이슬람 종교법인 '샤리아Sharia'를 기본으로 하는 전통적인 법체계와 현대적 사법 시스템이 병행된다. 기본적으로 원심, 상소심, 최고심 등 3심제를 운용하고 있다.

카타르의 사법부와 관련해 특이점이 있다면 2006년 여성 권익 보호 차원에서 가정법원이 마련되었다는 것이다. 당시 왕비였던 무자 빈트 나세르 알미스네드 카타르재단 이사장이 주도해 가정법원을 설립했다. 이 법원에서는 이혼 시 여성에 대한 위자료, 양육권, 아동 보호 같은 사안들을 중점적으로 다룬다.

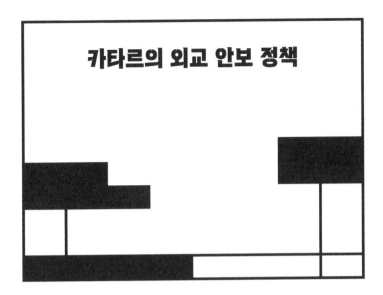

카타르의 외교 안보 정책

 카타르의 가장 특별한 점을 꼽으라고 하면 아마 스펙트럼 넓은 외교를 언급하는 이가 많을 것이다. 외교 안보 측면에서 카타르는 매우 독특한 나라이다. 전 세계적으로 '튄다', '이단 아'라고 표현해도 부족하지 않을 외교 안보 전략을 구사하고 있다.

 카타르는 한국처럼 미국과 매우 밀접한 관계를 맺고 있고 미국의 외교 안보 전략에 대한 의존도도 높다. 중동에 있는 미 공군 기지 중 가장 큰 기지가 카타르에 위치해 있다. 이 기지 를 중심으로 미국은 중동 지역에서의 다양한 군사 전략을 추 진한다.

하지만 동시에 카타르는 미국이 40년 이상 핵심 주적• 중 하나로 여기는 이란과도 가깝게 지낸다. 이슬람 극단주의를 추종하는 무장정치단체로 현재 아프가니스탄을 장악하고 있는 탈레반과도 가깝게 지내고, 미국과 앙숙인 레바논의 무장정치단체 헤즈볼라와 팔레스타인의 무장정치단체 하마스와도 가깝다. 즉 미국과 반미 세력 모두와 원만한 관계를 유지하고 있는 것이다.

이런 특성 때문에 카타르는 다양한 중동의 외교 안보 이슈에서 중재자로 활동하며 협상 장소를 제공하는 역할을 하고 있기도 하다. 대표적인 사례로 미국과 탈레반의 종전 협상이 카타르에서 진행된 것을 들 수 있다.• 미국과 탈레반 간의 전쟁은 2001년 10월 시작해 2021년 8월에 마무리되었다. 미국 역사상 가장 긴 전쟁이었다. 2021년 8월 미군의 아프가니스탄 철수 과정에서 야기된 혼란과 무력 충돌을 해결하기 위한 협상 역시 카타르에서 진행되었다.

카타르는 중동에서 영향력이 큰 사우디아라비아, 이란, 튀르키예와 외교 관계를 맺고 교류하는 나라 중 하나이기도 하

카타르와 주요 국가와의 관계

국가	내용
미국	미 공군의 해외 기지 중 가장 큰 축에 속하는 알우데이드 공군 기지를 유치할 만큼 가까움
이란	걸프만의 해상 천연가스전을 공유함. 정치 체제와 종파가 다르지만 외교적으로 가까우며 긴밀한 협력 관계임
사우디아라비아	카타르와 정치, 경제, 종파, 문화적으로 유사하며 형제국임. 또한 적잖은 카타르 사람들의 조상이 사우디아라비아 지역에서 이주해왔음
튀르키예	군사, 경제적으로 긴밀한 협력 관계임. 튀르키예 군대가 카타르에 주둔 중. 튀르키예가 심각한 경제난을 겪을 때 카타르가 경제 지원에도 나섰음
아랍에미리트	사우디아라비아처럼 카타르와 유사한 부분이 많은 형제국이지만 중동의 허브, 소프트파워 강국 자리를 놓고 경쟁 중. 카타르 단교 사태 이후 관계가 악화되었음
아프가니스탄	현재 집권 세력인 탈레반과 우호적인 관계임. 탈레반의 정치사무소도 카타르 도하에 설치되어 있음. 미국과 탈레반 간 협상을 카타르가 중재했음
이스라엘	각각 레바논과 가자지구를 기반으로 강경한 반이스라엘 투쟁을 벌이는 무장정치단체인 헤즈볼라와 하마스와 우호적인 관계임. 하마스 사무소도 도하에 위치하고 있음. 하지만 이스라엘과도 무역대표부 개설(현재는 폐쇄), 고위급 인사의 방문 등이 진행되었음. 정식 외교 관계를 맺지는 않았지만 안정적인 관계 유지 중

다. 카타르는 이 나라들 사이에서 나름대로 적절하면서도 치밀한 '줄타기 외교'를 하고 있다.

이처럼 다양한 이해관계를 지닌 나라들과 모두 우호적인 관계를 형성하고 있지만 진영을 넘나드는 이 같은 외교 안보 전략으로 한때 사우디아라비아, 아랍에미리트, 바레인 같은 주변 나라로부터 단교를 당하는 어려움을 겪기도 했다.

카타르가 왜 이런 독특한 외교 안보 전략을 구사하는지 그리고 어떻게 이런 전략을 유지하는지는 미국, 중국, 일본, 러시아, 북한을 상대해야 하는 한국도 관심을 가져볼 필요가 있다.

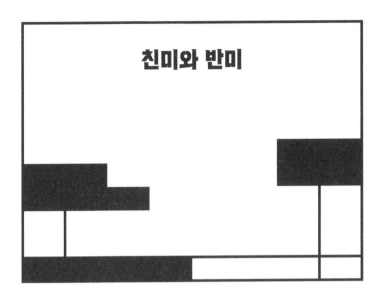

친미와 반미

친미 성향을 지닌 카타르

카타르와 이웃하는 사우디아라비아, 아랍에미리트, 쿠웨이트, 바레인, 오만처럼 카타르 역시 친미 성향 국가이다. 이 나라들은 독립 국가로 자리매김하면서부터 안보의 많은 부분을 미국에 의존해왔다. 나라의 역사가 짧고 군사 역량을 기르기가 쉽지 않은 상황에서 미국과의 외교적 거래가 필요했기 때문이다.

카타르를 포함한 걸프협력회의*Gulf Cooperation Council, GCC*에 속한 나라들(사우디아리비아, 아랍에미리트, 쿠웨이트, 바레인, 오만)은 과거 미국이 석유와 천연가스 공급을 중동 국가들에 의존할 때 안정적인 석유와 천연가스 공급을 약속했다. 이에 대한 대가,

나아가 과거 소련의 팽창을 저지하기 위해 미국은 이들 나라와 인근 지역에 대규모 군대를 배치했다. 그리고 이 나라들의 안보가 위협받는 상황이 발생하는 것을 예방했다.

중동 최대 미 공군 기지

1996년 도하에서 남쪽으로 약 30㎞ 떨어진 내륙 지역에 세워진 알우데이드 공군 기지*Al Udeid Air Base*는 중동 지역의 미 공군 기지 중에서는 가장 큰 규모일 뿐 아니라 해외에 위치한 미 공군 기지 중에서도 가장 큰 축에 속한다. 현재 이곳을 중심으로 카타르에는 1만 명 정도의 미군이 주둔 중인 것으로 알려져 있다. 카타르와 미국 간의 군사협력협정은 1992년 6월 체결되었다.

알우데이드 공군 기지는 카타르의 안보에 대한 걱정이 만들어낸 결과물이다. 1990~1991년 이라크가 쿠웨이트를 침공한 것을 계기로 카타르의 안보 불안감이 커졌다. 비록 미국과 아랍 국가들이 중심이 되어 쿠웨이트에서 이라크를 몰아냈지만 '작고 군사력이 약한 나라'가 안보 위협을 받을 때의 위험 상황을 간접적으로 경험한 것이다.

그 결과 카타르는 미국과의 긴밀한 군사 협력 의지를 불태우며 10억 달러를 들여 알우데이드 공군 기지를 만들고 미군 유치에 적극적인 자세를 취했다. 그리고 2001년 9.11테러와 2003년 이라크 침공을 겪으며 미국과 사우디아라비아 사이가 나빠지자 사우디아라비아에 주둔하던 미군을 알우데이드 공군 기지로 대거 이전시키는 데 성공했다.

미국은 카타르 정부의 파격적인 재정 지원과 알우데이드 공군 기지가 사우디아라비아와 이란 사이에 위치해 있다는 지리적 잇점을 이용하여 중동 내 군사 작전을 펼치는 데 적극적으로 활용했다. 알우데이드 공군 기지에 장거리 폭격기인 B-1을 비롯해 다양한 공군기를 배치하고, 이를 이용해 2014~2017년 이슬람 수니파 극단주의 테러 단체인 이슬람국가 IS가 이라크와 시리아에서 악명을 떨칠 때 이들에 대한 대규모 공습을 진행했다. 또한 아프가니스탄을 장악한 탈레반을 공격할 때도 알우데이드 공군 기지를 통해 진행했다. 미국은 2001년 10월부터 탈레반과 전쟁을 치렀는데, 9.11테러를 주도한 알카에다의 리더 오사마 빈 라덴을 당시 아프가니스탄을 통치하던 탈레반이 보호했다는 이유에서였다. 2021년 8월 탈레반이 아프가니스탄을 재점령할 때 아프가니스탄에서 활동하던 미국인과 미군, 그리고 우방국 국민의 대피 작전을 할 때도 알우데이드 공군 기지를 활용했다.

한편 카타르는 미국 외 서방 국가와도 적극적인 군사 협력을 진행하고 있다. 영국과는 1993년 6월, 프랑스와는 1994년 8월에 군사협력협정을 체결했다.

반미 성향 무장정치단체의 협상장

친미 국가 카타르에는 무장정치단체이며 반미 성향이 강한
탈레반과 하마스의 대외 창구가 있다. 쉽게 말해 탈레반과 하
마스와 협상할 수 있는 공식 사무소가 카타르에 자리한 것이다.

카타르에 위치한 탈레반 사무소의 공식 명칭은 '탈레반 정
치사무소'이며 2013년 문을 열었다. 2021년 8월 탈레반이 미
국의 도움을 받아 집권한 아슈라프 가니*Ashraf Ghani* 대통령을 몰
아내고 아프가니스탄을 장악하기 전에는 사실상 탈레반의 유
일한 해외 협상 창구였다. 2001년 10월부터 전쟁을 치러온 미
국과 탈레반 간의 전쟁 종결 협상이 카타르에서 열린 이유도
이 때문이다. 2021년 8월 미국을 포함한 서방의 인력들이 아프
가니스탄을 탈출할 때 주로 카타르로 이동했고, 지금도 대부분
탈레반과의 대화가 카타르에서 이루어지고 있다.

탈레반의 대외 창구

카타르가 탈레반 정치사무소의 설립 및 활동을 허가한 이유
는 여러 가지이다. 미국을 중심으로 한 서방 국가들은 유사시
탈레반과 소통할 수 있는 통로를 원했다. 그리고 카타르는 국
제 사회에서 자국의 영향력을 키우고 '중동의 외교 중심지'로

● 2021년 8월 아프가니스탄을 무장정치단체 탈레반이 장악하자 알우데이드 공군 기지는 당시 아프가니스탄에 거주하던 외국인과 반탈레반 성향 현지인들의 대피 작전에 활용되었다.

● 카타르 도하에 있는 탈레반 정치사무소. 탈레반의 대외 창구 역할을 한다.

발돋움하기 위해 적극적으로 탈레반과 관련한 중재 역할을 하려고 했다. 하마스에 대해서도 마찬가지이다.

갈등이 복잡하게 얽혀있는 중동에서 외교 중재지의 역할을 하겠다는 것이 카타르의 핵심 외교 전략 중 하나이다. 강대국에 둘러싸여 있는 작은 나라로서 외교 영향력을 키우려는 의도가 담겨있다. 하지만 이와 동시에 '카타르는 극단주의를 방치한다', '카타르는 극단주의에 우호적이다'라는 부정적 이미지도 얻었다. 이는 카타르가 사우디아라비아와 함께 전통적으로 '와하비즘•'이 강한 나라라는 것과 더불어 더욱 부정적인 이미지를 키우는 요소로 작용하고 있다. 나아가 다양성과 중재를 강조한다는 목표 아래 모든 진영과 우호적인 관계를 형성하는 게 지속 가능하겠느냐는 우려도 나오고 있다.

하마스의 대외 창구

카타르에는 팔레스타인 무장 정치 단체로 극단주의적 반이스라엘 성향을 지닌 하마스의 대외 창구도 자리잡고 있다. 2023년 10월7일 발생한 '가자지구 전쟁'의 휴전과 인질 석방 관련 협상도 주로 카타르에서 열리고 있다.

• 보수 이슬람 사상

하마스 최고 정치 지도자인 이스마엘 하니예Ismail Haniyeh가 주로 머무는 곳도 카타르인 것으로 알려졌다. 하마스의 10월 7일 이스라엘 공격으로 이스라엘인 1,200여 명이 숨졌다. 가자지구에서는 2만 명이 넘는 팔레스타인인이 사망했다.

카타르는 그동안 가자지구의 어려운 경제 사정을 돕는다는 목표 아래 꾸준히 하마스에 재정 지원을 했다. 대외 창구 역할을 하는 정치사무소 설립도 허가했다. 하지만 하마스의 무차별적인 민간인 공격과 이스라엘과 미국의 강경한 하마스에 대한 입장 등을 감안할 때 향후 카타르가 하마스와의 관계를 재정립할 것이란 전망도 나온다.

한국대사관이 두 개나 설치되어 있는 나라

아프가니스탄을 탈레반이 장악하면서 카타르는 한국에게도 좀 더 특별한 나라가 되었다. 아프가니스탄의 한국대사관이 카타르로 이전했기 때문이다. 2021년 8월 당시 카불에 설치되어 있던 주아프가니스탄 한국대사관이 안전 문제로 인해 카타르 도하로 이전했다. 이에 따라 현재 카타르에는 한국대사관 두 곳이 설치되어 있다. 하나는 주카타르한국대사관, 또 다른 하나는 주아프가니스탄한국대사관이다.

이런 모습은 사우디아라비아에서도 볼 수 있다. 예멘 내전으로 현지 치안 상황이 심각해지면서 2015년 4월 주예멘한국대사관을 철수했다. 현재 주예멘한국대사관은 사우디아라비아 수도 리야드에서 임시 사무소 형태로 운영되고 있다.

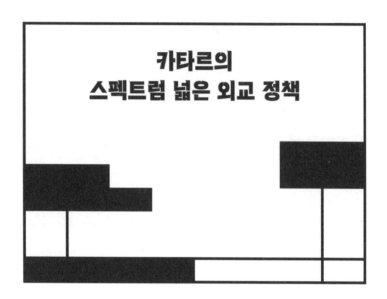

카타르의 스펙트럼 넓은 외교 정책

무슬림형제단 포용

사우디아라비아, 바레인, 아랍에미리트 등 카타르 주변의 형제국들은 모두 '무슬림형제단'을 적대시한다.

무슬림형제단은 이슬람 근본주의 성향이 강하고 왕정 체제에 대한 비판을 강조하는 이슬람권의 정치 세력이다. 평등주의도 중요시한다. 왕실이 국가 운영의 중심이 되는 중동 산유국에게는 눈엣가시 같은 존재일 수밖에 없다. 그래서 사우디아라비아, 아랍에미리트, 바레인 같은 나라에서는 무슬림형제단의 활동을 철저히 금지하고 나아가 테러 조직으로도 분류하고 있다. 왕정은 아니지만 특정 정치인이 사실상 독재를 하고 종신 집권을 추구하는 중동 나라들도 무슬림형제단의 활동을 철저히 금지시키고 있다.

그러나 카타르는 왕정 국가이면서도 무슬림형제단에 포용적인 모습을 보이고 있다. 다른 나라에서 활동하다가 신변에 위협을 느끼는 무슬림형제단 인사들의 망명을 받아주고, 다른 주변 왕정 국가들의 무슬림형제단에 대한 탄압에도 동참하고 있지 않다. 정부가 나서서 무슬림형제단을 비판하거나 견제하는 경우도 거의 없다. 이는 외교에 있어 최대한 여러 나라 및 정치 단체와 긍정적인 외교 관계를 맺는 게 좋다는 전략이 반영되어 있다. 잠재적으로 적대적일 수 있는 대상을 완전히 없애거나 무시할 수 없다면 차라리 적절한 우호 관계를 맺어 위협을 최소화하겠다는 것이다.

카타르는 2010년 12월 튀니지에서 시작된 아랍권의 민주화 움직임인 '아랍의 봄'이 리비아, 이집트, 시리아 등으로 확산될 때 무슬림형제단이 지속적으로 영향력을 발휘할 것이라고 전망했다.• 실제로 당시 아랍의 봄을 주도한 세력의 상당수가 무슬림형제단에서 활동했거나 이 진영의 사상에 영향을 받은 이들이었다. 알자지라도 당시 무슬림형제단과 관련된 뉴스를 대

• 결과적으로 카타르의 예상은 틀렸다. 튀니지와 이집트에서는 한때 무슬림형제단 계열 인사들이 정치권의 핵심으로 자리매김했지만 현재는 모두 비무슬림형제단 인사들이 권력을 차지했기 때문이다.

대적으로 보도했다. 주변국들은 당시 무슬림형제단에 대한 알자지라의 적극적인 보도에 큰 불만을 나타냈었다.

튀르키예 군대 유치

카타르의 스펙트럼 넓은 외교, 나아가 주변국들과 차별되는 모습 중 하나로 튀르키예 군대 유치도 빼놓을 수 없다. 이는 여러모로 특별한 시사점을 던져준다.

먼저, 1차 세계대전 전까지 중동의 맹주였던 오스만 제국의 군대가 공식적으로 아라비아반도에 다시 주둔한다는 점이다. 즉 오스만 제국 붕괴로 사라졌던 튀르키예 군대의 귀환이다. 튀르키예가 사우디아라비아, 이란과 지역 패권을 놓고 다투는 라이벌 국가라는 점에서도 튀르키예 군대의 카타르 주둔은 의미가 남다르다.

눈여겨봐야 할 또 다른 특징은 튀르키예 군의 카타르 주둔이 2017년 6월부터 시작되었다는 점이다. 정확히는 카타르 단교 사태가 발생했을 때이다. 카타르 단교 사태는 사우디아라비아, 아랍에미리트, 바레인이 카타르의 국정 운영과 외교 전략을 문제 삼으며 교역을 중단하고 영공·영해·영토를 봉쇄한 사건이다. 군사적인 충돌이나 전쟁은 없었지만 비슷한 사회 문화적 배경, 서로 형제국이라고 부를 만큼 가까운 관계에서 벌어진 갈등이어서 지금도 화제가 되고 있다.

튀르키예 군의 카타르 주둔에 대해 카타르 측에서는 원래 예정되어 있던 군사 협력이라고 하지만 사우디아라비아의 위협에 대응하려는 목적도 담겨 있다는 분석이 많다. 사우디아라비아 입장에서는 '작은 나라 카타르가 경쟁 국가의 군대를 불러왔다'라는 또다른 위협 행위로 여겨질 수 있었다.

튀르키예와 카타르의 관계는 매우 우호적이다. 카타르에 파견된 튀르키예 군대가 왕실 경비 및 경호 작전에 참여한다는 이야기가 있을 정도이다. 보수 이슬람 세력과 세속주의 세력이 내전을 벌이고 있는 리비아에서 튀르키예와 카타르는 보수 이슬람 세력을 지원하고 있다. 반면 사우디아라비아와 아랍에미리트는 세속주의 세력 편이다.

경제적으로도 카타르와 튀르키예는 가깝다. 카타르는 튀르키예가 경제 위기를 맞이해 리라화 폭락 사태를 겪을 때 앞장서서 자금 지원을 발표해 튀르키예 경제 안정에 기여했다. 카타르 내 건설 사업을 튀르키예 기업들이 수주하는 경우도 많다. 또한 타밈 빈 하마드 알사니 카타르 국왕과 레제프 타이이프 에르도안*Recep Tayyip Erdogan* 튀르키예 대통령은 개인적으로도 가까운 사이이며 만남도 잦다.

천연가스 외교,
가스수출국포럼

세계에서 세 번째로 많은 천연
가스 매장량을 자랑하고, 액화
천연가스 수출에서는 1, 2위
를 다투는 나라답게 카타르는
'천연가스 외교'에 많은 관심을
보이고 있다.

카타르의 천연가스 외교의 중
심에는 가스수출국포럼이 있
다. 카타르, 이란, 러시아, 알제
리, 나이지리아, 리비아 같은
주요 천연가스 수출국이 포함

● 카타르 도하 도심에 있는 가스수출국포
럼 본부

되어 있는 이 국제기구의 본부가 도하에 자리 잡고 있다. 2001년 결성되
어 2008년 정식 국제기구로 문을 연 가스수출국포럼에는 현재 11개 회
원국과 8개 옵서버 국가가 활동 중이다.

가스수출국포럼은 '석유 카르텔'로도 불리는 석유수출국기구OPEC와 비
교되지만 활동 방식에는 큰 차이가 있다. 일단 가스수출국포럼은 생산국
들 간의 천연가스 생산량을 결정하지 않는다. 석유수출국기구가 국가별

로 특정 기간, 시점의 석유 생산량을 정하고 이를 지키도록 하는 것과 비교하면 상당히 자유로운 운영 방식이다.

석유와 달리 천연가스는 장기적인 계약 관계를 통해 공급되고 보관이나 유통에서도 차이가 있기 때문이다. 대신 가스수출국포럼은 천연가스 사용을 확대하는 데 공을 들이며 친환경 성격이 강한 에너지라는 것을 강조한다.

카타르는 2019년 1월 사우디아라비아가 주도해온 석유수출국기구에서 탈퇴했다. 이는 중동 주요 산유국이 처음으로 석유수출국기구 탈퇴를 선언한 것으로 상당한 화제가 되었다. 당시 카타르는 일일 평균 원유 생산량이 석유수출국기구 전체 생산량의 2% 수준에 불과하다는 점을 강조했다. 하지만 단교 중이던 사우디아라비아에 대한 반발을 담은 정치적 결정이라는 평가가 많았다. 또 카타르가 천연가스를 활용한 외교에 집중하는 계기를 마련했다는 해석에 무게가 실렸다.

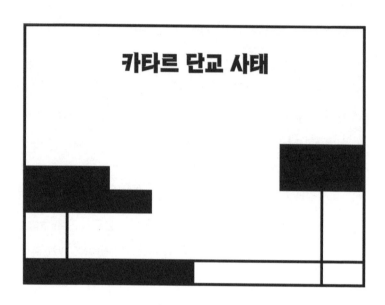

카타르 단교 사태

2017년 6월 5일에 시작된 카타르 단교 사태*Qatar Diplomatic Crisis, Blockade of Qatar*는 군사적 충돌이 없었음에도 외교가에서는 큰 관심을 불러일으켰을 뿐 아니라 심각한 파장으로 여겨졌다. 중동은 물론이고 국제 사회 전체적으로도 가장 결속력이 강하다고 할 수 있는 정치·경제 연합체인 걸프협력회의의 심각한 분열을 의미했기 때문이다. 카타르 단교 사태 초기부터 단교 대상국(카타르)과 단교 주도국(사우디아라비아, 아랍에미리트, 바레인) 그리고 중립국(쿠웨이트, 오만)으로 걸프협력회의는 나누어졌고 갈등의 폭은 좁혀지지 않았다.

같은 종파, 언어, 문화를 지닌 '형제국'에 대한 외교 관계를 한순간에 끊어버리고 외교관 추방, 국경 봉쇄 등의 조치를 취했다는 점에서 세계의 이목이 집중되었다. 사우디아라비아를 비롯한 단교 선언 국가들은 카타르가 이슬람 극단주의를 지원하며 지역 정세를 불안하게 만들었다고 주장했다. 그들은 카타르에게 무슬림형제단을 포용하지 말고, 이란과의 관계를 축소하라고 요구했다. 또한 알

● 단교 사태 때 카타르에서는 자국에서 생산되었거나 자국에 우호적인 나라에서 수입한 물건을 쓰자는 움직임이 활발했다.

자지라 폐지, 튀르키예와의 군사 협력 중단, 월드컵 개최 포기 등이 이루어져야 한다고 주장했다.

단교 사태 초기에는 약자인 카타르가 양보하는 자세를 보이며 일정 부분 요구를 수용할 것이라는 예상이 나왔다. 하지만 카타르는 단교 주도국들과 맞서며 오히려 이란이나 튀르키예와의 관계 강화에 신경 쓰는 모습을 보였다. 그동안 추진해왔던 외교 전략을 바꾸지 않은 것이다.

카타르로서는 천연가스 확보를 위해 이란과 가까운 관계를 유지해야 하는 상황이었고 튀르키예와의 군사 협력은 사우디아라비아를 견제하는 측면에서 단교 사태가 터진 뒤 오히려 강화되었다. 결과적으로 단교 주도 국가들은 카타르에게 치명적

● 단교 사태가 터졌을 때 카타르에서는 타밈 빈 하마드 알사니 국왕의 캐리커처에 충성 메시지를 적는 캠페인이 일어났다.

● 2021년 1월 5일 사우디아라비아 알울라에서 열린 걸프협력회의 연례 정상회의에서 카타르 단교 사태 해결을 위한 협정이 체결되었다.

인 외교적, 경제적 타격을 입히는 데 실패했다.

카타르 단교 사태는 조 바이든 미국 대통령이 취임한 2021 년 1월이 되어서야 해결되었다. 이란 견제, 중동 지역 안정을 위해 걸프협력회의 국가들과 긴밀한 협력 관계를 맺어야 하는 미국의 노력이 영향력을 발휘한 것이다. 카타르, 사우디아라비아, 아랍에미리트, 바레인 등도 사태가 장기화되는 것에 대한 부담감이 있었다.

하지만 중동 안팎에서 '걸프협력회의는 이제 과거처럼 강한 결속력을 발휘하지 못할 것이다'라는 전망이 힘을 얻고 있다. 전쟁은 아니었지만 단교라는 극한 조치로 이미 각 나라 간의 신뢰는 회복하기 어려운 금이 갔다는 것이다.

카타르 단교 사태 관련 주요 일지

2017.06.05 ○ 사우디아라비아, 아랍에미리트, 바레인, 이집트가 주도해 이슬람 극단주의 무장정치단체 지원, 이란과의 우호적인 관계 등을 이유로 카타르와의 단교 선언

2017.06.22 ○ 단교 주도국들은 카타르와의 외교 관계 복원을 조건으로 이란과의 관계 축소, 알자지라 폐쇄, 이슬람 극단주의 무장정치단체 지원 중단, 튀르키예와의 군사 협력 중단 등 13개 요구 조건 발표

2017.07.03 ○ 카타르, 단교 주도국들의 13개 요구 사항을 거부한다고 발표

2018.12.03 ○ 카타르, 석유수출국기구 탈퇴 선언. 사우디아라비아가 주도해온 국제기구에서 주요 산유국이 처음 탈퇴하는 사건이었음. 카타르의 확실한 '마이웨이My way 전략' 선언으로 여겨짐

2019.01.01 ○ 카타르, 석유수출국기구 탈퇴

2021.01.05 ○ 사우디아라비아 알울라에서 열린 연례 걸프협력회의 정상 회의에서 단교 사태 해결을 위한 협정 서명

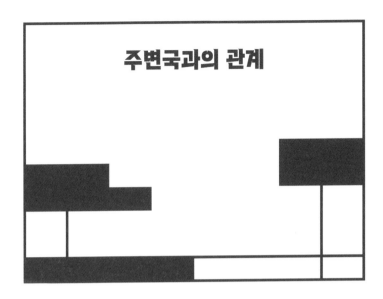

주변국과의 관계

사우디아라비아와 아랍에미리트와의 관계

단교 사태를 겪으며 카타르, 사우디아라비아, 아랍에미리트, 바레인의 관계에는 상당한 금이 갔다고 볼 수 있다. 하지만 카타르가 사우디아라비아와 아랍에미리트를 대하는 입장에는 차이가 있다.●

먼저 사우디아라비아의 경우 카타르 입장에서는 서운한 점이 많지만 '관계 개선을 해야 한다'라는 인식이 단교 사태가 한

● 바레인은 천연가스와 석유가 적게 생산되다 보니 최근 경제적으로 어렵고 카타르에서는 은연중에 사우디아라비아의 속국이라는 식으로 폄하하는 경우가 많다.

창 진행 중일 때도 강했다. 좋든 싫든 아랍권에서 가장 큰 영향력을 지닌 나라이며 많은 카타르 사람이 사우디아라비아에 뿌리를 두고 있기 때문이다. 지금도 사우디아라비아 사람과 결혼하는 카타르 사람이 꽤 있다. 게다가 이슬람의 3대 성지● 중 메카와 메디나를 보유한 사우디아라비아는 카타르 사람들에게 '마음의 고향'이라고 할 수 있다.

하지만 아랍에미리트를 바라보는 카타르 사람들의 감정은 훨씬 복잡하고 냉랭하다. 카타르에서는 아랍에미리트가 중동 지역에서 지금보다 영향력을 키워 나가려는 전략을 강화하는 과정에서 단교 사태가 발생했다는 주장도 나온다. 특히 중동의 허브 자리를 놓고 경쟁 중인 카타르가 과거와 달리 국가 위상이 급부상하며 목소리를 키우고 많은 분야에서 아랍에미리트를 위협했기 때문에 발생했다는 분석이다. 카타르 단교 사태가 터졌을 때 소셜 미디어를 통해 퍼져나간 카타르와 관련된 가짜 뉴스 중 적잖은 수가 아랍에미리트에서 생산되었다는 지적도 있었다.

또한 단교 사태가 종식되었을 때도 '아랍에미리트는 사우디아라비아와 달리 카타르와의 화해에 소극적이었다', '사우디아라비아와 아랍에미리트가 카타르와의 외교 관계 정상화를 놓고 갈등을 벌였다'라는 기사가 해외 언론을 통해 나오기도 했

● 메카, 메디나, 예루살렘

다. 단교 사태가 종식된 뒤 사우디아라비아와 카타르 간 항공편이 아랍에미리트와 카타르 간 항공편보다 먼저 재개되었다는 점도 카타르와 아랍에미리트 사이의 불편한 감정을 보여주는 예로 여겨진다.

2022 카타르월드컵 개막식 때도 사우디아라비아는 실질적인 최고 지도자 역할을 하고 있는 무함마드 빈 살만 알사우드 왕세자가 참석했지만, 아랍에미리트는 대통령인 아부다비 국왕 대신 부통령 겸 국무총리 역할인 두바이 국왕이 참석했다. 또 한 번 카타르와 아랍에미리트 간 서먹서먹한 모습을 보여준 사례로 꼽힌다.

이란과의 우호적인 관계

이란에 대한 카타르의 우호적인 태도는 사우디아라비아, 아랍에미리트, 바레인과 관계가 멀어진 중요한 원인 중 하나이다. 사우디아라비아와 중동 지역 패권을 놓고 경쟁 중인 이란은 여러모로 걸프 지역 아랍 국가들과 대척점에 서 있다.

종교적으로 걸프 지역 아랍 국가들의 왕실은 이슬람교 수니파를 믿는다. 하지만 사우디아라비아는 수니파의 종주국인 데 반해 이란은 시아파의 종주국이다. 언어, 문화, 인종적으로도 이란은 페르시아계이어서 아랍 국가들과는 다르다. 무엇보다 사우디아라비아를 중심으로 아랍의 왕정 국가들이 이란을 부담스러워하는, 나아가 두려워하는 이유는 왕정을 무너뜨린 '혁명의 경험'을 가지고 있기 때문이다.

이란은 1979년 종교인들이 중심이 되어 친서구, 세속주의 성향을 보였고 부정부패가 심했던 팔레비 왕조를 몰아냈다. 이른바 '이란 혁명'이다. 왕정을 무너뜨린 뒤 이란은 시아파 종교 지도자가 국가 최고 지도자로 활동하며 대통령, 국회 의원, 장·차관 등 정부 고위직에 진출하는 사람들을 결정할 수 있는 독특한 형식의 '신정 공화주의' 정치 체제를 도입했다.

이란에서는 대통령, 국회 의원 선거가 존재한다. 그리고 선거에서 서로 이기기 위해 치열한 경쟁도 한다. 하지만 국가 최고 지도자가 후보자를 검증한다. 한마디로 선거는 치열하게 치러지지만 후보로 나서는 사람들은 일단 국가 최고 지도자의 승인이 있어야 한다는 의미이다. 한국, 미국, 프랑스 등의 민주주의 시스템과 비교하면 이상해 보일 수밖에 없다. 하지만 국민이 직접 선거에 참여해 지도자를 뽑는 정치 시스템을 갖추고 있다.

석유와 천연가스 판매를 통해 얻은 부로 국민에게 많은 복지 혜택을 주지만 자유로운 선거가 없는 이란 주변 아랍 국가들은 자국 국민이 "이란은 무능하고 부패한 왕정을 무너뜨린 나라이다", "우리도 선거로 지도자를 뽑고 싶다" 식의 자극받는 것을 매우 우려한다. 아랍 국가들이 이란의 미사일과 핵무

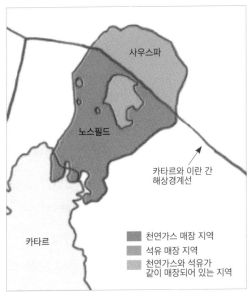

● **카타르와 이란이 공유하는 해상 가스전**

기 개발보다 선거를 하는 정치 체제를 더 부담스러워한다는
분석도 많다.

　1981년 사우디아라비아가 중심이 되어 카타르, 아랍에미리
트, 바레인, 쿠웨이트, 오만이 걸프협력회의를 구성한 가장 큰
이유도 이란 혁명 뒤 이란에서 신정 공화주의 체제가 체결되
고 반미 기조를 강하게 내세웠기 때문이다. 아랍 수니파 왕정
국가들 간의 강한 결속을 바탕으로 이란의 위협을 비롯한 급
격한 정세 변화와 안보 위협에 공동으로 대처하자는 게 걸프
협력회의 결성의 기본 취지였다. 걸프협력회의는 경제적으로

긴밀한 협력 관계를 유지하고 있어서 카타르 단교 사태가 터지기 전까지는 공통 화폐 도입과 시장 통합에 대한 의견도 나올 정도였다.

이란과 카타르가 가깝게 지내는 모습은 표면적으로만 보면 앞뒤가 안 맞다. 하지만 카타르가 이란과 가깝게 지내야 하는 이유가 있다. 바로 카타르 경제의 핵심인 천연가스 때문이다. 카타르와 이란은 걸프만의 세계 최대 천연가스전을 함께 쓰고 있다. 카타르로서는 이란과의 마찰로 천연가스를 원활히 확보하는 게 어려워지는 상황을 막아야만 했다.

또한 지리적으로 가깝다 보니 예전부터 교역이 많을 수밖에 없었다. 카타르에 거주하는 이란계 사람도 많다.[•] 도하의 가장 대표적인 전통 시장인 수크 와키프에는 이란 음식점과 공예품 가게 등이 모여 있는 구역도 있다.

카타르 단교 사태 뒤 카타르와 이란 간의 교류는 더욱 늘었다. 당시 이란은 자국 영공과 영해를 카타르 항공기와 선박들이 이용할 수 있게 해주었다. 또 카타르에서 일시적으로 신선식품과 생필품 부족 현상이 일어났을 때 이를 지원해주었다.

• 걸프협력회의 전체적으로 이란과 인적·무역 교류가 가장 많은 나라는 아랍에미리트이다. 특히 두바이는 이란과 연계된 물류업과 금융업이 핵심 산업 중 하나이다.

이스라엘과의 관계

카타르는 이스라엘과 앙숙 관계인 이란과 가까운 관계이다. 또한 카타르는 팔레스타인의 하마스와 레바논의 헤즈볼라와도 우호적인 관계이다. 카타르가 하마스와 헤즈볼라를 지원하는 것도 다양한 진영과 긍정적인 외교 관계를 맺으려는 전략의 일환이다.

얼핏 보기에는 이스라엘과 카타르는 가깝기 어렵다. 그러나 신기하게도 카타르는 이스라엘과도 원만한 관계를 유지하고 있다. 카타르와 이스라엘은 1996년 무역대표부를 개설했고, 2007년 1월에는 시몬 페레스*Shimon Peres* 이스라엘 총리가 카타르를 방문하기도 했다. 하지만 이처럼 원만했던 카타르와 이스라엘 관계는 2008년 이스라엘의 가자지구에 대한 대규모 공격 이후 카타르가 이듬해 무역대표부를 폐쇄하면서 더는 진전되지 못했다.

무역대표부가 폐쇄되고 2020년 9월 아랍에미리트와 바레인이 이스라엘과 이른바 '아브라함협정*Abraham Accords*'●을 통해 외교 정상화에 나서면서 카타르와 이스라엘의 관계는 더 이상 주목받지 못하고 있다. 하지만 아랍 주요국 중 카타르는 여전

● 아브라함은 유대교, 이슬람교, 기독교에서 모두 조상으로 인정하는 인물이다. 아브라함협정의 기획과 체결 과정에서 이스라엘(유대교), 아랍에미리트와 바레인(이슬람교), 미국(기독교)이 참여했다는 점에서 상징적인 명칭으로 여겨진다.

히 이스라엘과 원만한 관계를 유지해온 나라로 인식되고 있다.

카타르는 기회가 있을 때마다 '팔레스타인에 대한 연대'를 강조한다. 그리고 하마스와 가자지구에 대한 재정적 지원도 다양한 방식으로 진행하고 있다. 이 과정에서 이스라엘을 비판하기도 한다. 하지만 이스라엘을 노골적이고 강경하게 비판하는 모습을 보이는 경우는 드물다. 이스라엘 역시 카타르의 이런 전략에 특별한 문제 제기를 하지 않고 있다.

이스라엘과 아랍권 국가 간의 관계가 계속 개선되는 상황에서 카타르와 이스라엘 간의 관계 형성이 앞으로 어떤 방향으로 진행될지에 대해서도 관심이 모아진다.

이라크와의 관계

카타르는 오랜 전쟁을 겪은 이라크 재건을 위해 지원을 비교적 적극적으로 수행해온 나라이다. 1991년 2월 걸프전 이후 이라크가 유엔의 경제 제재 조치를 당할 때도 식량과 의약품을 지원했다. 또한 유네스코와 함께 이라크에 대한 교육 지원 사업에도 참여했다.

카타르는 걸프전 당시 이라크가 이웃 국가이며 비슷한 특징(작은 영토, 왕정 중심 정치 체제, 석유와 천연가스 중심 경제 등)을 지닌 쿠웨이트를 침공해 점령한 것에 대해 반감이 컸으나 꾸준히 안정적인 관계를 유지하고 있는 편이다.

북한과의 관계

카타르는 북한과도 외교 관계를 맺고 있는 나라이다. 한국과는 1974년 4월, 북한과는 1993년 1월 수교했다. 그러나 카타르에는 북한대사관이 없다. 쿠웨이트에 있는 북한대사관에서 카타르 관련 업무를 담당한다. 주쿠웨이트 북한대사가 카타르 대사도 겸직하는 구조이다.

카타르에는 한때 북한 사람이 2,000명 이상 거주했다. 모두 건설 현장에서 일하는 노동자였다. 카타르에서 활동하던 북한 노동자들은 열악한 근무 환경, 자유가 매우 제한되는 삶을 살아 국제 인권 단체들의 모니터링 대상이 되기도 했다. 북한 노동자들은 월급의 대부분을 북한 정부가 중간에서 가로채는 '임금 착취'도 당했다.

쿠웨이트와 아랍에미리트에서도 북한 노동자 2,000명 이상이 활동했다. 그리고 카타르처럼 열악한 환경에서 근무했다. 하지만 지금은 카타르, 쿠웨이트, 아랍에미리트에서 북한 노동자들을 더 이상 찾아볼 수 없다. 북한의 시속되는 핵무기와 미사일 개발로 미국을 중심으로 한 국제 사회의 북한 경제 제재가 강화되면서 2017년 이후에는 북한 노동자 거의 대부분이 철수한 상태이다. 카타르에서는 더 이상 북한 노동자에 대한 입국 비자를 내주고 있지 않다.

아랍에미리트 구성원이 될 뻔한 카타르

카타르는 아랍에미리트가 구성될 때 바레인과 함께 동참할 계획이었으나 막판 의견 차이로 빠졌다. 원래 9개 토후국으로 구성되는 것을 계획했던 아랍에미리트가 7개 토후국으로 이루어진 것도 마지막에 카타르와 바레인이 빠졌기 때문이다. 아랍에미리트는 석유 생산 중심지인 아부다비의 국왕이 대통령을, 금융·물류·교통·관광 등의 중심지인 두바이 국왕이 부통령 겸 국무총리를 맡고 있다.

아랍에미리트와 카타르는 중동의 허브를 지향하며 '작지만 강한 나라', '소프트파워 강국'을 추구한다는 점에서 많이 비교되고 경쟁 관계로 인식된다. 실제로 두 나라는 서로를 의식하고 종종 불편한 감정을 드러내고 있다. 카타르와의 마찰이 있을 때 아랍에미리트에서는 "카타르는 신뢰하기 어려운 나라이다. 아랍에미리트가 구성될 때 처음에는 합류한다고 했다가 막판에 빠졌다"라는 식의 과거를 자주 언급하고 있다.

함께 생각하고 토론하기

카타르의 가장 독특한 특징 중 하나는 외교 전략입니다. 카타르는 미국을 중심으로 한 서방에 우호적이지만 동시에 이슬람 극단주의 성향이 강한 무장정치단체들과도 원만한 관계를 형성하고 있습니다. 중동 내에서도 경쟁 관계인 사우디아라비아, 이란, 튀르키예와 모두 외교 관계를 맺고 나름대로 가까운 관계를 유지하고 있습니다. 카타르는 이러한 특성을 바탕으로 '중동의 외교 중심지'를 지향합니다. 또 다양한 중동 이슈의 협상과 중재를 주도하고자 합니다.

● 한국과 카타르가 처해 있는 외교 안보 상황의 공통점과 차이점에 대해 생각해봅시다.

● ● 카타르처럼 다양한 진영과 우호적인 관계를 맺는 외교 전략을 펼치는 게 지속 가능할까요? 긍정적인 입장과 부정적인 입장으로 나누어 서로의 생각을 나눠봅시다.

● ● ● 카타르 단교 사태처럼 심각한 외교적 갈등이 벌어졌던 나라에 대해 조사해봅시다. 그리고 그 나라들은 서로 어떠한 외교 정책을 펼치고 있는지 알아봅시다.

4부

문화로 보는 카타르

평판은 낙타의 속도로 쌓이고
스포츠카의 속도로 무너질 수 있다.

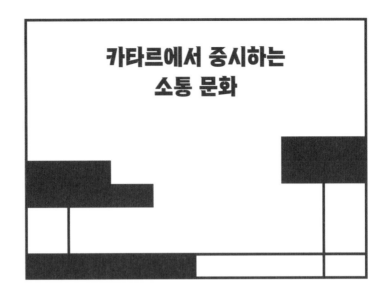

카타르에서 중시하는
소통 문화

아랍 문화권의 사랑방, 마즐리스

카타르에는 "모든 이야기와 정보는 마즐리스*Majlis*에 있다."
라는 말이 있다. 마즐리스는 아랍어로 '앉는 장소'라는 의미이
다. 쉽게 말해 한 집안의 사랑방 혹은 응접실 나아가 가족회관
이라고 생각하면 된다. 가족과 친지들이 모여 정치, 경제, 사회
같이 딱딱한 이슈부터 가벼운 일상의 이야기까지 모든 분야의
대화를 나누는 공간이 바로 마즐리스이다. 보통 남자와 여자는
다른 마즐리스에서 따로 대화를 나눈다.

카타르 사람들은 월드컵과 아시안컵 같은 인기 축구 대회의
중계방송도 주로 마즐리스에서 시청한다. 전쟁, 테러, 경제 위

기 같은 큰 이슈가 있을 때는 마즐리스에서 모여 뉴스를 본다. 마즐리스에서 가족과 친지들이 모여 대화를 나누는 문화는 중동권에서 오래전부터 이어져 왔다. 특히 카타르, 사우디아라비아, 아랍에미리트, 쿠웨이트, 바레인 같은 아랍 산유국 나라에서 더욱 활성화되어 있다.

마클래스 문화는 과거에는 고위층, 부를 축적한 상인 등 이른바 상류층들이 즐겼다. 마즐리스를 만들고 꾸미는 데 많은 비용이 들기 때문이다. 하지만 아랍 산유국들이 석유와 천연가스 판매로 큰 부를 축적하면서 많은 사람이 마즐리스 문화를 누리고 있다. 특히 카타르같이 인구가 적지만 석유와 천연가스에 따른 수입이 많은 나라에서는 더 많은 가정에서 마즐리스를 만들고 꾸미고 있다.

다양한 스타일의 마즐리스

카타르에서 마즐리스는 보통 집안에서 중심적인 역할을 하는 사람의 집이나 그 근처에 만들어진다. 가족, 친지 간 친밀도, 경제력 등에 따라 마즐리스의 형태는 조금씩 차이가 난다. 여러 개의 마즐리스를 만든 뒤 또래끼리 혹은 같은 동네에 사는 사람끼리 모이는 것을 선호하는 집안이 있는가 하면, 커다란 마즐리스에서 함께 모이는 것을 선호하는 집안도 있다. 보

● 외교관인 현지 친구의 마즐리스를 방문했다. 현지인들과 깊은 대화를 나누기에는 마즐리스만 한 장소가 없다.

통은 집안의 어른들이 어떤 형태의 마즐리스를 선호하느냐에 따라 달라진다. 최근에는 결혼식 같은 큰 행사를 위한 마즐리스와 평소 모임을 위한 여러 개의 소규모 마즐리스를 운영하는 편이다.●

현지 친구의 초대를 받아 그의 집안에서 비슷한 연령대 사람들이 모이는 마즐리스를 방문할 기회가 있었다. 널찍한 홀 같은 공간에 '아랍' 스타일 카펫이 깔려 있고 여러 개의 의자와 테이블, 그리고 벽에는 알자지라 뉴스가 나오는 대형 TV가

● 대형 마즐리스는 'Occasional Majlis', 소규모 마즐리스는 'Daily Majlis'라고 표현한다.

걸려 있었다.

사람들은 뉴스를 보면서 커피와 홍차를 계속 마시고 끊임없이 대화를 나누었다. 한국에서 온 기자라는 친구의 소개에 많은 이가 관심을 보였다. 북한 문제, 손흥민의 활약, 2018 러시아월드컵에서 한국이 독일을 2대 0으로 이긴 이야기, 카타르 생활, 한국 여행 등을 주제로 계속 말을 걸어왔다. 나도 카타르와 중동에 대한 질문을 쏟아냈다. 대화를 나누는 사이 집안일을 하는 가사도우미들이 다양한 종류의 말린 대추야자 열매●, 초콜릿, 과자 등을 가져다주었다.

마즐리스에 초대한 친구가 말했다.

"카타르에서 돌아가는 일을 제대로 알리려면 마즐리스를 자주 다녀야 해. 마즐리스에서 열심히 취재하면 좋은 기사를 많이 쓸 수 있을 거야."

또 다른 친구는 이렇게 말했다.

"카타르에서는 마즐리스에 자주 안 가는 사람을 걱정하거나 이상하게 생각해. 사회성이 없거나 친구가 없다는 뜻이거든."

카타르 사람들은 "카타리 사이에서는 비밀이 없다."라는 말을 자주 한다. 카타르인이 33만 명(전체 카타르 인구의 13%) 정도밖에 안 되기 때문이다. 또한 이 말은 마즐리스 문화로 가족, 친지, 친구 간에는 숨길 수 있는 게 거의 없다는 의미이기도 하다.

● 중동의 국민 간식이라고 할 수 있다.

카타르를 움직이는 마즐리스 여론

카타르 사람들은 마즐리스 효과에 대해 강조한다. 정상적인 사회생활을 하는 카타르 사람들은 마즐리스에서 꾸준히 대화를 나눈다는 뜻이다. 그래서일까? 카타르에서는 정부가 주요 정책을 구상할 때 마즐리스에서 사람들이 나누는 대화, 즉 '마즐리스 여론'을 중요하게 참고한다는 이야기도 있다.

한국 외교관과 기업인 중에서도 카타르에서 적극적으로 활동하는 사람들은 친분이 깊은 현지인의 마즐리스를 최대한 자주 방문하려고 한다. 현지 인맥을 넓히고 그들의 속 깊은 이야기를 듣기에 가장 좋은 장소이기 때문이다.

마즐리스에 특별한 의미 부여하는 카타르 사람들

아랍권 나라들, 특히 산유국에서 마즐리스 문화는 중요하게 여겨진다. 하지만 카타르에서는 마즐리스 문화가 더욱 강조되는 편이다. 그들 스스로도 "카타르처럼 마즐리스 문화가 활성화되어 있는 나라는 없을 것이다."라고 자주 말한다.

실제로 카타르는 자국의 문화를 소개할 때 마즐리스를 강조한다. 2022년 9월 서울 코엑스에서 열린 '제15회 아랍 문화제 : 카타르월드컵 파빌리온 행사'에서도 마즐리스는 비중 있게

● 마즐리스는 카타르의 중요한 문화이며 동시에 생활 장소로 꼽힌다. 2022 카타르월드컵을 앞두고 서울 코엑스에서 열린 제15회 아랍문화제 : 카타르월드컵 파빌리온 행사에서도 마즐리스는 큰 비중을 차지했다.

다루어졌다. 당시 행사장의 한 부분이 마즐리스로 구성되어 있었는데 이곳을 찾는 사람들은 대추야자 열매를 시식하며 마즐리스 체험을 즐길 수 있었다.

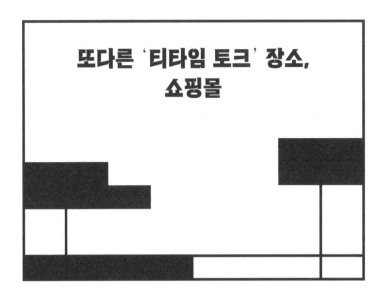

또다른 '티타임 토크' 장소, 쇼핑몰

마즐리스와 함께 카타르의 소통 문화를 주도하는 공간이 있다. 바로 '쇼핑몰'이다. 쇼핑몰은 마즐리스 다음으로 '티타임 토크'를 하기 좋은 공간이다. 카타르에는 정말 많은 대형 쇼핑몰이 있다. 도하페스티벌시티, 빌라지오몰, 도하시티센터몰, 알하잠, 에즈단몰, 타와르몰, 라구나몰, 카타르몰, 걸프몰, 몰오브카타르….

"작은 나라에 왜 이렇게 대형 쇼핑몰이 많지?"라는 말이 절로 나온다. 아마 카타르는 나라 크기 대비 쇼핑몰 수로 치면 전세계에서 상위권에 들어갈 것이다.

쇼핑몰의 디자인이나 시설도 매우 독특하다. 특히 빌라지오몰의 경우 이름에서부터 느껴지듯 내부가 '이탈리아 스타일',

● 빌라지오몰

● 몰오브카타르

● 도하페스티벌시티

구체적으로는 베니스를 모티브로 구성되어 있다. 독특한 쇼핑
몰을 소개하는 케이블TV 프로그램에도 종종 등장한다.

　카타르에 쇼핑몰이 많은 배경에는 '차(커피) 문화'와 '더운 날
씨'가 있다. 카타르 사람들 사이에서는 커피나 차를 마시며 대

화하는 게 중요한 생활 문화로 자리 잡고 있다.

그런데 쇼핑몰에는 카페는 물론 식당, 영화관, 슈퍼마켓, 각종 매장, 놀이 시설이 모두 자리 잡고 있으니 더운 날씨에 이곳저곳 옮겨 다닐 필요 없이 한 공간에서 모든 것을 해결할 수 있는 것이다.

카타르 쇼핑몰에서는 카페에 앉아 오랜 시간 동안 차나 커피를 마시며 대화하는 사람들이 많다. 어른들이 이야기하는 동안 아이들은 베이비시터들이 데리고 놀이 기구를 타거나 다른 테이블 혹은 다른 식당에서 과자나 아이스크림을 사먹곤 한다.

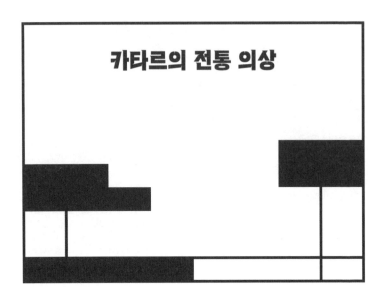

카타르의 전통 의상

카타르에 처음 도착하면 사람들의 옷이 신기하게 느껴질 것이다. 카타르 남성과 여성 모두 전통 아랍 의상을 입는다. 남성들은 하얀색 '토브'와 '구트라'를, 여성들은 검은색 '아바야'와 '히잡'을 착용한다.

카타르에는 현지인보다 외국인이 훨씬 더 많다. 그러다 보니 카타르 전통 의상은 자연스럽게 카타르 사람들의 정체성을 강조하는 아이템으로 여겨지기도 한다.

국왕을 비롯해 정부와 기업의 고위 관계자들도 평소 전통 의상을 입고, 특히 중요한 행사나 회의에 참석할 때는 반드시 전통 의상을 착용한다. 아랍권 나라를 방문할 때도 마찬가지이다. 하지만 한국, 미국, 유럽 등 아랍 문화권이 아닌 나라를 방

● 카타르 남성 전통 의상의 뒷모습과 검은색 긴 띠

문할 때는 주로 양복을 입는다.

현지인들이 전통 의상을 즐겨 입는 것은 사실 카타르만의 특징은 아니다. 카타르 주변 나라들의 공통적인 모습이다. 재미있는 사실은 토브와 구트라의 경우 각 나라별로 선호하는 스타일이 조금씩 다르다는 것이다. 카타르의 경우 구트라 앞쪽은 코브라 머리 또는 다이아몬드 모양 비슷하게 접고 뒤쪽에는 검은색 긴 띠를 단다는 특징이 있다. 반면 아바야는 나라마다 별다른 차이가 없다.

토브나 아바야는 얼핏 보면 비슷해 보여도 천의 질에 따라 가격이 천차만별이다. 또한 남성들은 하얀색 옷이라는 특성 때문에 토브 안에 얇은 흰색 티셔츠를 입지만 여성들은 아바야 안에 다양한 명품 옷을 입고 있다. 또 청바지 같은 서구적인 옷을 아바야 속에 입기도 한다.

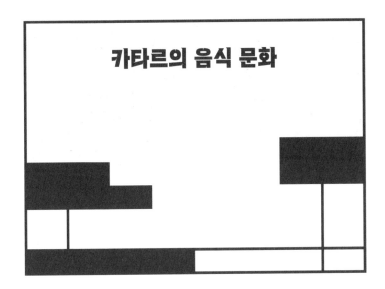

카타르의 음식 문화

아랍권 국가에서 먹을 수 있는 중동 음식

카타르 사람들이 가장 즐겨 먹는 현지 전통 음식은 마츠부스*Machboos*이다. 쌀과 고기(주로 양이나 닭이지만 생선도 가능)를 각종 양념과 함께 쪄서 먹는 요리이다. 사우디아라비아와 예멘에서 많이 먹는 캅사, 요르단에서 많이 먹는 만사프 등과 비슷하다. 인도 음식인 비리야니와도 유사하다.

명칭이나 조리법이 조금씩 다르지만 마츠부스와 비슷한 음식은 아라비아반도, 나아가 아랍권 나라 혹은 중동 대부분의 지역에서 찾아볼 수 있다. 그런 점에서 '카타르에만 있는 음식'은 사실 딱히 없다. 우리가 흔히 중동 음식이라고 하는 것을 카

● 마츠부스

● 양갈비, 후무스, 샐러드, 감자튀김, 아랍빵

타르 사람들도 즐긴다고 생각하면 된다.

마츠부스 외에 평소 카타르 사람들이 자주 먹는 음식에는 병아리콩을 곱게 갈아 올리브 오일, 소금 등을 섞어서 먹는 후무스 *Hummus*, 고기와 밀을 넣고 만든 아랍식 스튜 하리스*Harees*, 양, 소, 닭고기를 다진 뒤 야채와 향신료를 섞어 기다란 모양으로 빚어서 굽는 코프타*Kofta*, 납작한 아랍빵에 양고기 또는 닭고기와 채소를 다양한 소스와 함께 싸서 먹는 샤와르마*Shawarma*, 어린 양의 갈비를 숯불에 구워 먹는 양갈비 구이 등이 있다.

기본적으로 고기와 빵(쌀)을 많이 섭취하는 식단이라서 건강식과는 거리가 좀 있다. 체중 관리에 도움이 안 되는 음식도 많다. 그러다 보니 최근에는 젊은 사람들 중심으로 다양한 종류의 샐러드를 섭취하려는 트렌드도 강해지고 있다.

대추야자

중동의 대표적인 간식거리라고 할 수 있는 말린 대추야자 열매도 커피나 홍차와 함께 손님 앞에 내놓거나 식사하기 전에 한두 개씩 집어 먹는 등 다양한 형태로 즐긴다. 대추야자 열매 속에 땅콩 같은 견과류나 초콜릿을 넣어서 먹는 경우도 많다.

● 대추야자나무

대추야자 열매는 영양소가 풍부하고 열량도 꽤 높다. 과거 유목 생활을 할 때는 식량이 떨어지면 비상식량으로 활용하기도 했다. 카

● 다양한 종류의 말린 대추야자 열매

타르의 길거리나 대학교 캠퍼스 등을 걷다 보면 대추야자나무에 열매가 주렁주렁 달려 있는 것을 볼 수 있다.

서양식 커피보다 전통 아랍 커피

● 아랍 커피와 말린 대추야자 열매

대부분의 쇼핑몰에서 스타벅스, 커피빈과 같은 다국적 커피 체인점을 찾아볼 수 있다. 하지만 카타르 사람들은 서양식 커피뿐 아니라 황토색빛이 돌고 향신료 냄새가 강하게 나는 전통 아랍 커피도 즐긴다. 전통 아랍 커피는 현지인의 집이나 사무실에 방문하면 인사를 하자마자 곧바로 주는 경우가 있는데 환영의 메시지를 담은 간단한 의식처럼 느껴졌다. 카타르에서는 현지인과 외국인 모두 걸쭉한 느낌이 나는 튀르키예식 커피 역시 많이 즐긴다.

다국적 음식 레스토랑

일반적인 아랍, 중동 음식 외에도 맥도널드, 버거킹, KFC, 피자헛, 쉐이크쉑 같은 글로벌 패스트푸드 체인점도 많이 있다. 또 인도, 파키스탄 사람이 많이 거주하기 때문에 카레를 중심으로 다양한 인도, 파키스탄 음식을 쉽게 즐길 수 있다. 전 세계 어디를 가도 있는 중국과 이탈리아 음식점 역시 찾아볼 수 있다.

한류의 영향으로 젊은 카타르 사람들 사이에서는 한국 음식도 인기 있다. 갈비, 불고기, 비빔밥은 물론 김밥과 떡볶이 같은 '한국식 길거리 음식'도 인기가 높아지는 추세이다. 한국 음식점에 가보면 전통 의상을 입은 젊은 카타르 사람들이 삼삼오오 모여 한식을 즐기는 모습을 볼 수 있다.

카타르의 금기 식품

카타르의 국교는 이슬람이다. 그래서 이슬람에서 식용을 금지하는 돼지고기는 찾아볼 수 없다. 한국 음식점에서 사용하는 식자재에도 돼지고기가 들어가지 않는다. 카타르에서 파는 김치찌개에는 소고기가 들어가고 햄과 소시지 또한 돼지고기가 아닌 칠면조 고기로 만든다. 다만, 외국인을 대상으로 하는 슈퍼마켓에는 돼지고기를 제한적으로 판매하기도 한다.

술도 이슬람에서 마시는 것을 금지하고 있기 때문에 카타르의 평범한 식당에서는 찾아볼 수 없다. 그러나 외국인이 많이 이용하는 대형 호텔 식당이나 바에서는 술을 판매한다. 술을 마시는 이들은 대부분 외국인이다.

메이드 인 카타르 먹거리 발라드나

카타르는 사막 나라여서 기후나 환경이 대규모 농업이나 목축업을 하기에 적합하지 않다. 그래서 카타르는 먹거리의 많은 부분을 수입에 의존하고 있다. 2017년 6월 단교 사태가 발생하기 전까지는 80% 이상의 식자재와 생활필수품을 사우디아라비아에서 수입했다. 단교 사태가 터진 직후 2~3주 정도 대형 마트와 전통 시장에서 식자재와 생활필수품이 부족했던 이유이다. 일부 지역에서는 사재기 현상도 발생했다.

당시 카타르는 이란과 튀르키예를 통해 급한 식자재와 생활필수품을 대거 수입했다. 동시에 자국에서 신선 식품을 대규모로 생산하겠다는 전략도 마련했다. 이런 카타르의 전략을 상징적이며 실질적으로 보여주는 장소가 있다. 바로 발라드나*Baladna*가 운영하는 '발라드나 목장'이다. 발라드나는 사실 별다른 특징이 없는 현지 식품 기업으로 양과 염소 목장을 운영하고 관련된 고기와 젖을 팔았다.

그러나 단교 사태가 터지면서 이 회사는 정부의 파격적인 지원을 받아 카타르의 특별한 기업으로 성장했다. 발라드나는 도하 도심에서 약 30분 정도 떨어진 알코르 지역의 사막 한가운데 대형 실내 목장을 세우고 2만 마리가 넘는 소를 기르며 우유, 치즈, 버터, 요거트 같은 기본적인 신선 식품을 대대적으로 생산하기 시작했다. 발라드나 목장 덕분에 현재 카타르는 자국 내 유제품 수요의 90% 이상을 자급자족하고 있다.

발라드나 목장은 사막 한가운데 자리 잡고 있다. 얼핏 보면 대형 공장 혹은 창고 같기도 하다. 내부에 들어가면 선선하면서 촉촉한 기분이 든다. 유럽에서 데려온 홀스타인종 젖소들이 적응하기 적합한 20도 정도의 온도와 습도를 유지하고 있기 때문이다. 목장 전역에 당연히 온도, 습도, 환기 조절 장비가 설치되어 있다.

단교 사태가 지속되던 시절 발라드나 목장에서 생산되는 유제품은 튀르키예, 이란 등에서 수입된 유제품보다 훨씬 더 비쌌다. 하지만 카타르에 거주하는 사람들은 대부분 신선한 발라드나 유제품을 즐겼다. 카타르 사람들에게는 발라드나가 생산한 유제품을 소비하는 것이 일종의 '애국'이었다.

이제 발라드나 목장은 대규모 목축업이 불가능한 다른 중동 나라들에게는 참고할 가치가 있는 사례로, 농업·축산 기술 기업에게는 새로운 시장을 개척하는 기회로 여겨진다. 그래서 카타르가 발라드나 목장을 조성할 때는 미국과 유럽의 농업·축산 기술 관련 기업들이 기회를 잡았으나 최근에는 한국과 일본의 농업, 축산, 식품 관련 기업들도 발라드나 목장을 비롯한 중동 나라들의 실내 대형 목장 조성 움직임을 예의주시하고 있다.

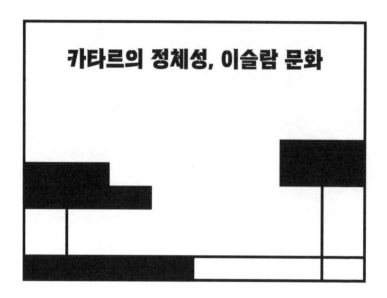

카타르의 정체성, 이슬람 문화

카타르에서는 모스크뿐 아니라 쇼핑몰 같은 공공장소에서도 일정 시간이 되면 아잔Azan이 낭송된다. 하루 다섯 번 있는 기도 시간을 알리는 소리이다. 이때 모든 무슬림이 예배를 보러 가거나 일을 멈추고 기도하는 것은 아니다. 그러나 하루에 다섯 번씩 울리는 아잔 소리는 카타르가 이슬람권 국가임을 느끼게 해준다.

카타르에서 먹는 소고기, 양고기, 닭고기 등은 모두 '할랄' 식품이다. 이슬람 율법에서 규정한 대로 도축된 동물의 고기를 '할랄 미트Halal Meat'라고 부르고, 무슬림들은 원칙적으로 할랄 미트만 먹어야 한다.

카타르는 일상생활에서 엄격한 이슬람 근본주의를 강조하

● 카타르 도하의 이슬람예술박물관. 카타르를 대표하는 건축물 중 하나인 이 박물관에서는 다양한 이슬람 관련 고대 예술품들이 전시되고 있다. 카타르가 얼마나 이슬람 문화를 중요하게 생각하고 있는지를 보여주는 대표적인 상징물이다.

지는 않는다. 현대에 와서는 외국인도 많고 개혁·개방 움직임으로 사회 분위기가 비교적 자유롭다. 가령 카타르 여성을 비롯해 대부분의 무슬림 여성들은 히잡을 쓰긴 하지만 공공장소에서 남성과 자연스럽게 대화를 나눈다. 회사나 정부 기관에서는 업무상 방문한 남성에게 먼저 악수를 청하는 여성도 있다. 운전도 자유롭게 할 수 있고 외출에도 제한이 없다.

그러나 이슬람 율법에 따라 모스크의 예배당과 공공장소의 기도실은 남녀 분리가 원칙이다. 그리고 여성 전용 엘리베이터가 갖춰진 공공장소도 많고 쇼핑몰이나 호텔 등의 수영장도 남녀 공간이 분리되어 있다.

라마단. 국제 뉴스를 보거나 이슬람에 대해 조금이라도 관심 있는 사람이라면 익숙한 단어일 것이다. 아랍어로 '더운 달', 이슬람력에서 아홉 번째 달을 뜻한다. 무슬림들에게는 이슬람의 창시자 무함마드가 신으로부터 '코란(이슬람교 경전)'의 계시를 받은 특별하면서도 성스러운 달로 여겨진다.

성스러운 시간임을 강조하고 신과 다른 사람에 대한 생각을 깊이 하는 차원에서 무슬림들은 라마단 기간에는 절제하며 생활한다. 해가 떠 있는 동안에는 금식(물도 마셔서는 안 됨)을 하며, 금욕적인 생활은 물론 다툼과 나쁜 생각(음란한 생각, 시기, 질투 등)도 하지 말아야 한다. 라마단 기간의 금식은 이는 이슬람 신앙의 '다섯 기둥' 중 하나로 여겨진다.

라마단 때는 일의 효율성은 확연히 떨어진다. 아마도 금식을 하기 때문일 것이다. 그래서 대부분 회사가 오전 8~9시부터 오후 1시 정도까지만 근무한다. 하지만 해가 지면 새로운 세상이다. 가족, 친구, 이웃이 모여서 즐기는 대규모 저녁 식사가 한 달 내내 이어진다. 라마단 기간 중 해가 진 후 먹는 식사를 '이프타르Iftar'라고 부르는데 이 시간이 되면 다양한 전구와 등불로 집을 꾸미기도 한다.

라마단 기간에는 이슬람을 믿지 않는 사람들의 생활에도 변화가 생긴다. 무슬림처럼 금식을 할 필요는 없다. 다만, 사무실

● 라마단 장식. 이슬람을 상징하는 초승달 모양의 커다란 장식물이 인상적이다.

에서는 금식하는 이들을 고려해 물이나 커피는 작은 회의실이나 휴게실에서만 마신다(빵, 과자 등은 최대한 자제한다). 낮동안 스타벅스와 커피빈 매장에서는 포장 판매만 가능하다. 포장 판매도 잔이 보이지 않게 종이봉투에 넣어서 준다. 낮에 영업하는 식당들 또한 불을 끄거나 커튼으로 창을 가리고 문도 닫아놓는다. 하지만 'Open'이라는 팻말을 걸어놓는다. 금식을 하는 무슬림을 배려하는 것이다.

라마단 기간에 조심해야 할 상황이 있는데 바로 운전이다. 해가 지기 직전 평소보다 거칠게 운전하는 사람이 많다. 금식 때문에 신경이 예민해져 있고 집에 빨리 돌아가 가족들과의 이프타르를 즐기기 위해서이다. 반면 이프타르가 한창인 시간에

● 실내의 라마단 장식물

는 거리가 한산하다.

일몰 직후 거리에는 물과 간단한 음식을 나눠주는 사람이 많다. 특히 외국인 노동자로 보이는 사람들에게 더욱 적극적으로 물과 음식을 나눠준다. 라마단을 맞이해 이웃에 대한 배려 나아가 지역 사회에 대한 나눔을 실천하려는 의지이다.

라마단 기간에는 "라마단 카림Ramadan Kareem(너그러운 라마단)", "라마단 무바라크Ramadan Mubarak(축복의 라마단)"라는 인사말이 많이 주고받는다.

함께 생각하고 토론하기

카타르는 전통과 현대가 어우러져 있는 나라입니다. 카타르 사람들은 전통적인 장소인 마즐리스와 현대적인 장소인 쇼핑몰의 카페에서 많은 시간을 보내며 이야기를 나눕니다. 전통 의상을 입지만 최신 전자 제품과 SUV 덕후도 많습니다.

해가 떠 있는 동안에는 금식해야 하는 라마단의 규칙을 지키면서도 이슬람을 믿지 않는 외국인들을 위한 식당을 별도로 운영합니다. 최근에는 사막이라는 지리적 한계에도 첨단 기술을 동원해 자국 내 식량 및 식품 생산을 늘리려는 시도도 하고 있습니다.

● 한국에서 전통과 현대가 잘 어우러져 있는 모습을 볼 수 있는 장소나 행사로는 어떤 것이 있는지 이야기해봅시다.

●● 한국에서는 아직 이슬람에 대한 정보나 지식이 부족합니다. 이슬람과 무슬림에 대한 이미지와 생각을 정리해봅시다.

5부

여기를 가면
카타르가 보인다

시민들이 정보에 접근할 수 없다면
표현의 자유는 의미가 없다.

- 타밈 빈 하마드 알사니

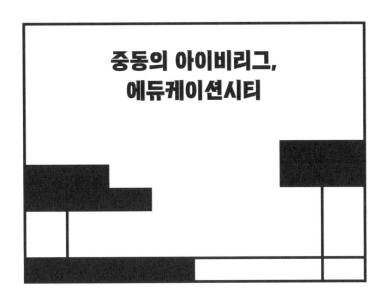

중동의 아이비리그, 에듀케이션시티

국제 교육 연구 특구

카타르 사람들은 에듀케이션시티를 나라를 상징하는 공간, 카타르가 만들어낸 국제적 성과 중 하나로 꼽는다. 중동은 물론 세계 어느 나라에도 이렇게 많은 미국과 유럽의 명문대 캠퍼스를 한곳에 모아둔 경우는 없다고 강조하며 '중동의 아이비리그'라고 자랑한다.

도하의 서쪽 지역에 자리 잡은 에듀케이션시티는 1998년 문을 열었다. 12km^2 정도 되는 공간에 미국과 유럽의 대학 캠퍼스를 연상시키는 건물이 줄지어 들어서 있다. 국제 교육 연구 특구인 이곳은 아랍권 나라에 미국과 유럽 대학의 교육과 연구 문화가 그대로 뿌리를 내리고 있다는 점에서 이색적이다.

에듀케이션시티에 있는 대학

1998년 버지니아 커먼웰스대(디자인, 미술, 예술사)가 처음으로 들어온 뒤 조지타운대(국제관계학), 노스웨스턴대(언론학), 카네기멜런대(경영학, 컴퓨터과학, 생명과학, 정보시스템학), 코넬대(의학), 텍사스A&M대(화학공학, 기계공학, 전기컴퓨터공학, 석유공학)가 에듀케이션시티에 자리를 잡았다. 이들 대학은 미국의 명문대이기도 하지만 개설되어 있는 학과 또한 본토에 있는 대학에서 가장 경쟁력 있는 것들이다.

유럽 학교로는 프랑스 파리고등상업학교 경영대학원과 영국 런던대 대학원(도서관학, 박물관학)이 진출해 있다. 카타르 현지 종합 대학인 하마드빈칼리파대와 카타르 국립도서관도 이곳에 자리 잡고 있다.

에듀케이션시티에 있는 학교의 인프라와 운영에 들어가는 비용은 거의 대부분 카타르 정부에서 부담하고 있다. 카타르 정부는 지속적으로 에듀케이션시티에 대학을 유치하거나 전공을 늘리고자 하고 있다.

● 에듀케이션시티에 있는 노스웨스턴대 캠퍼스

● 카타르 국립도서관 내부

에듀케이션시티의 효과

카타르는 왜 이렇게 해외 명문대 유치에 관심이 많을까?

첫째, 카타르 정부가 중동의 허브를 지향하는 과정에서 교육, 미디어, 문화 예술, 스포츠 같은 지식 산업을 육성하는 데 관심이 많기 때문이다. 이는 중동의 허브 역할을 놓고 경쟁하는 아랍에미리트가 금융, 물류, 교통의 중심지를 지향하는 것과 차별화된 전략이기도 하다.

둘째, 자국민에게 수준 높은 대학 교육을 제공하고자 하기 위함이다. 상대적으로 카타르 국내 대학들은 역사가 짧고 아직 교육이나 연구 수준이 만족할 정도로 높지 않다. 장기적으로는 국내 대학들도 육성하겠지만 일단 세계적인 명성을 지닌 대학들을 유치해 국민에게 진학 기회를 주려고 하고 있다.

특히 카타르 정부는 에듀케이션시티 육성을 통해 여성들의 교육 수준이 크게 올라갔다고 평가한다. 보수적인 아랍 문화에서 여성의 해외 유학은 제한이 많았다. 그러나 에듀케이션시티가 설립된 뒤로는 해외에 나가지 않더라도 미국과 유럽 대학의 교육을 받을 수 있게 되었다.

에듀케이션시티에 있는 대학에서 공부하는 학생들의 비율을 살펴보면 여학생이 75%를 차지한다. 아바야를 두른 여학생들이 영어 원서로 공부하는 모습과 유창한 영어로 토론하는 모습은 에듀케이션시티 어디에서나 찾아볼 수 있다. 이곳에서는

● 아랍조사정책연구원과 도하인스티튜트

교육, 연구, 행정 거의 대부분이 영어로 진행된다.

에듀케이션시티에 위치한 기관은 아니지만 카타르는 현지에서 가장 오래된 국립대학인 카타르대와 도하인스티튜트, 아랍조사정책연구원에도 적극적으로 투자하고 있다. 이는 카타르의 교육에 대한 관심을 보여주는 또다른 사례이다.

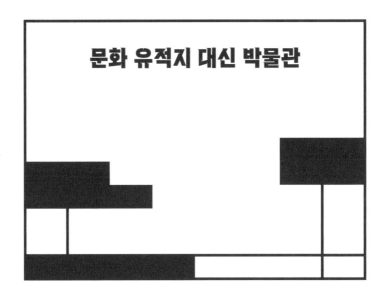

문화 유적지 대신 박물관

카타르에는 특별한 문화 유적지는 없지만 박물관과 미술관은 많다. 국가적으로 박물관에 대한 관심이 많기 때문이다. 왕실의 핵심 구성원 중 한 명인 알 마야사 빈트 하마드 알사니 공주가 카타르 박물관청을 이끌고 있다는 점만 봐도 알 수 있다. 그녀는 이미 2007년에 "카타르를 세계적인 박물관 중심지로 만들겠다."라는 비전을 발표한 바 있다.

이슬람예술박물관

2008년 카타르는 이슬람예술박물관*Museum of Islamic Art*을 개

관했다. 이 박물관은 이집트, 이란, 튀르키예, 이라크 같은 이슬람 문화 중심지의 고대 유물을 대거 확보해 전시하고 있다. 2008년 문을 열었지만 이미 정부 차원에서 20년 이상 이슬람 관련 유물을 수집해온 것으로 알려져 있다. 이 과정에서 상대적으로 덜 알려진 남부 유럽, 인도, 중앙 아시아 등의 이슬람 관련 유물도 적극적으로 확보해왔다.

카타르는 이슬람예술박물관 운영을 통해 자신들이 중동의 문화 허브이며 동시에 이슬람권을 대표해 다양한 문화재를 전

● 이슬람예술박물관

● 아랍현대미술관

시하고 있다는 점을 자연스럽게 내세우고 있다.

    2010년에는 아랍권의 현대 미술 작품을 전시하는 '아랍현대미술관*Mathaf, Arab Museum of Modern Art*'을 만들었고, 2012년에는 중동 국가 가운데 드물게 젊은 작가들이 작품 활동을 하고 전시회도 여는 '파이어스테이션박물관*Fire Station Museum*'●을 마

● 소방서 건물을 개조해 만들었다.

● 파이어스테이션박물관

런했다.

그동안 카타르의 대표 박물관은 이슬람예술박물관이었다. 중국계 미국인 건축가로 프랑스 루브르박물관의 유리 피라미드를 설계한 I. M. 페이*Pei*가 디자인한 이 박물관은 독특한 기하학적 구조로 세계적인 관심을 받았다. I. M. 페이는 이 건물을 설계하기 전 6개월 동안 여러 이슬람권 나라를 여행하며 건축물과 문화를 체험했다고 한다.

이슬람예술박물관은 국영 항공사인 카타르항공의 광고를 비롯해 각종 정부 관련 홍보물에 단골로 등장한다. 외국인 관광객 사이에서는 카타르를 여행할 때 꼭 사진을 찍어야할 장소로 명성이 높다.

카타르 국립박물관

2019년 3월 카타르 문화계에 큰 변화가 일어났다. 카타르 국립박물관이 문을 연 것이다. 이 박물관은 현지에서 '사막장미'라고도 불린다. 원형과 곡선으로 이루어진 독특한 건물 디자인이 사막의 모래가 뭉쳐져서 만들어진 울퉁불퉁하고 딱딱한 사막장미와 닮았기 때문이다.

도하의 해변 도로 한쪽에 자리 잡은 카타르 국립박물관은 카타르의 새로운 랜드마크가 되었다. 316개의 모래색 원반이 쌓여 있는 야트막한 구조는 주변의 반듯한 고층 건물 사이에서 독특한 모습을 자랑한다.

박물관 내부도 우리가 흔히 알고 있는 국립박물관과는 차이가 있다. 고대 유물이 전시품의 주를 이루는 형태가 아니라 자연환경, 석유와 천연가스, 어업 등 카타르라는 나라의 특색과 변천 과정을 보여주는 데 초점이 맞추어져 있기 때문이다. 물

● 카타르 국립박물관

품 전시 못지않게 모형, 그래픽, 영상을 적극적으로 활용한 것
도 특징이다.

일반적인 국립박물관에서는 보기 어려운 동물 뼈와 화석도
볼 수 있다. 자연사박물관의 특징도 갖춘 것이다. 물론 카타르
땅과 바다에 서식하는 동물이다.

카타르 국립박물관은 1913~1949년 카타르를 다스린 압둘라 빈 자심 알사니의 궁궐을 둘러싼 형태로 지어졌는데 이는 과거와 현재가 만나는 공간이라는 의미가 담겨 있다.

아랍에미리트와 카타르의 박물관 경쟁

카타르의 박물관들은 종종 아랍에미리트 아부다비에 있는 박물관들과 비교된다. 2017년 11월 루브르박물관 분관인 '루브르아부다비'가 아부다비에 문을 열었고, 2025년에는 구겐하임미술관의 분관도 개관할 예정이다. 두 나라 간에 박물관 경쟁이 은근히 치열해지는 구도이다.

카타르 사람들은 "우리는 해외 유명 박물관을 도입하는 대신 직접 박물관을 기획했다. 그 과정에서 이슬람권과 아랍권을 대표하는 문화재와 미술품을 전시해왔다."라고 강조한다.

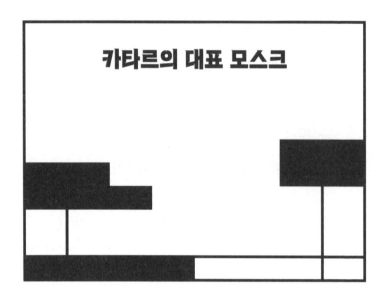

카타르의 대표 모스크

이맘 압둘 알 와합 모스크

이슬람이 국교인 나라들은 전통과 규모를 자랑하는 '나라의 대표 격' 모스크(이슬람교의 예배당)를 사실상 지정해놓고 있다.

사우디아라비아의 경우 메카와 메디나의 모스크가 대표 모스크이다. 사우디아라비아는 자국 국왕을 공식적으로 소개하는 자리에서는 항상 "두 성스러운 모스크(메카와 메디나 의미)의 수호자"라는 표현을 사용한다. 아랍에미리트의 경우 아부다비에 있는 셰이크 자이드 그랜드 모스크가 대표 모스크이다.

카타르의 대표 모스크는 이맘 압둘 알 와합 모스크*Imam Adul Al Wahhab Mosque*이다. 이슬람 수니파의 근본주의 사상인 와하비

● 이맘 압둘 알 와합 모스크 외부와 내부

즘의 창시자인 무함마드 알와하브*Muhammad Al Wahhab*의 이름을 따
서 대표 모스크를 만든 것이다. 현지에서는 '국립 모스크'라고
도 불린다.

　18만*m²* 부지에 지어진 이맘 압둘 알 와합 모스크는 약 3만
명을 동시에 수용할 수 있다. 아랍권에서는 전통 양식을 현대
적으로 잘 표현해냈다는 평가를 받고 있다. 다른 나라의 유명
모스크들과 비교했을 때 특이한 점은 지붕 위에 돔이 많다는 것

이다. 총 90개의 돔이 있다.

파나르 카타르 이슬람 문화센터

● 파나르 카타르 이슬람 문화센터

이맘 압둘 알 와합 모스크와 함께 파나르 카타르 이슬람 문화센터*Fanar Qatar Islamic Culture Center*도 카타르에서 중요한 종교적 상징성을 지닌 시설로 꼽힌다. 파나르 카타르 이슬람 문화센터는 도하 도심 해변가에 위치하고 있다. 주변에 전통 시장인 수크 와키프와 이슬람예술박물관이 있다.

나선형의 첨탑을 갖춘 파나르 카타르 이슬람 문화센터 건물을 보고 현지에서는 케이크 모양 같다는 이야기를 많이 한. 이름에서도 엿볼 수 있듯 이곳은 이슬람 문화와 교육을 담당하는 기관이다. 특히 카타르에 거주하는 외국인을 위한 이슬람 문화 체험, 아랍어 교육, 모스크 방문 등과 관련된 프로그램을 제공하고 있다. 파나르는 아랍어로 '등대'를 의미한다. 이름에서도 이슬람의 진리로 사람들을 안내하겠다는 의지를 담았다.

생활 반경 안에 있는 종교 시설

다른 중동 나라들처럼 카타르에도 모스크가 많다. 카타르 정부는 거주민들이 집이나 회사에서 많이 걷지 않아도 모스크에 갈 수 있도록 모스크 건립을 적극적으로 지원하고 있다. 재정적으로 넉넉한 기업이나 개인들도 모스크 건립에 활발히 후원한다.

또한 카타르 정부는 쇼핑몰, 호텔, 정부 부처, 기업, 학교 같은 기관에 예배를 볼 수 있는 기도실을 갖추도록 독려하고 있다. 쇼핑몰의 경우 기도실이 주로 화장실 근처에 있어 예배 시간 전 손과 발을 씻는 사람을 많이 볼 수 있다.

카타르항공을 타면 이륙 직전 안전한 여행을 기원하는 간단한 코란 구절이 낭송된다. 기내 좌석의 모니터로 볼 수 있는 영상, 음악 프로그램에는 코란 낭송을 들을 수 있는 채널도 있다.

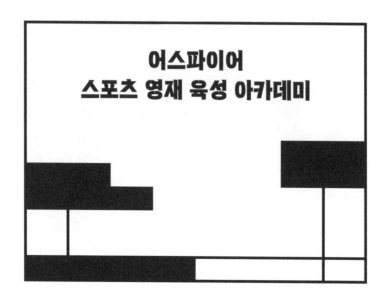

어스파이어
스포츠 영재 육성 아카데미

카타르의 스포츠에 대한 관심은 월드컵과 아시안게임 유치
에서도 잘 드러난다. 하지만 카타르가 스포츠 행사에만 관심
있는 건 아니다. 국제적인 스포츠 행사에서는 눈에 띄는 성과
를 내지 못했지만 스포츠에 대한 장기적인 투자에 나서고 있
고, 이를 통해 사회적인 변화를 만들어내는 데도 관심이 많다.

가장 대표적인 것으로 '어스파이어 스포츠 영재 육성 아카
데미Aspire Academy'를 들 수 있다. 말 그대로 스포츠 영재를 발굴
해 육성하는 프로그램이다. 2004년 설립된 어스파이어 스포츠
영재 육성 아카데미는 다양한 종목에서 어린이와 청소년 스포
츠 영재를 발굴해 육성하는 게 목표이다.

도하의 대규모 스포츠 단지에 자리 잡은 어스파이어 스포

● 어스파이어 스포츠 영재 육성 아카데미

츠 영재 육성 아카데미는 특히 축구에 관심이 많다. 중동과 아
프리카를 중심으로 축구 영재를 발굴하고 유럽의 유명 코치들
에게 체계적인 훈련을 받을 수 있도록 지원하고 있다. 어린이
와 청소년을 중심으로 지원하는 아카데미이지만 시설 면에서
는 최첨단을 자랑한다. 실내와 실외 축구장은 물론 올림픽 같
은 국제 경기의 규격에 맞춘 육상 트랙, 수영장, 체조 경기장
등을 갖추고 있다.

　카타르에서는 매년 2월 두 번째 화요일을 '스포츠데이Sports
Day'로 정해놓고 있다. 공휴일이기도 한 스포츠데이는 운동의
중요성을 되새기고 가족, 친구들과 운동을 즐기는 날이다. 고
기와 빵(밥) 같은 열량 높은 음식과 단 디저트를 많이 먹고 더

운 날씨를 핑계로 운동을 하지 않아 당뇨와 비만 같은 성인병
이 늘고 있는 현실을 극복하려는 의도도 담겨 있다.

어스파이어 스포츠 영재 육성 아카데미 운영과 스포츠데이
등은 카타르가 스포츠 문화의 저변을 넓히는 데 얼마나 관심
이 많은지 잘 보여준다.

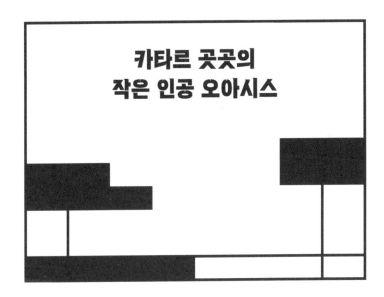

카타르 곳곳의
작은 인공 오아시스

　카타르에서 살다 보면 신기하게 느껴지는 것 중 하나가 국토 전체가 사막인데도 '작은 인공 오아시스'가 많다는 점이다. '인공 오아시스'라는 명칭은 내가 이름 붙인 것이다. 그렇게 부르는 이유를 설명하면 현지인들과 카타르에 거주하는 외국인 모두가 동의한다.

　카타르에서는 나무(주로 야자수 종류)와 꽃에 물을 주는 노동자들을 자주 볼 수 있다. 관공서, 공항, 대학 캠퍼스처럼 규모가 큰 공공시설은 물론 컴파운드●와 아파트 단지에서도 이들을 쉽게 만날 수 있다. 사막 국가이지만 비교적 많은 '초록색

● 흔히 우리가 말하는 타운하우스 같은 주택 단지를 일컫는다.

● 카타르에서는 아파트, 대학 캠퍼스 같은 공간에 작은 규모라도 나무와 꽃을 심고 가꾸는 경우가 많다. 사막 위의 인공 오아시스라고 해도 과언이 아니다.

정원(그래서 인공 오아시스라고 표현한 것임)'을 찾아볼 수 있다는 뜻이다. 물론 하늘 위에서 카타르를 보면 누런 사막 모래 빛이 지만 땅에서 다니다 보면 사는 곳과 일하는 곳 중심으로 적잖 은 초록빛 공간을 마주할 수 있다.

이런 카타르의 정원에는 스프링클러가 설치되어 있는 경우 도 많고 나무 옆에는 수도관과 연결된 작은 호스가 비치되어 있기도 하다. 비가 약간 오는 겨울철 외에는 항상 스프링클러 와 호스로 나무와 꽃에 물을 주고 있다고 생각하면 된다. 어 느 정도 규모가 있는 정원에는 작게라도 분수가 설치되어 있 는 경우도 많다. 도시 곳곳에 설치된 '작은 인공 오아시스'를 보노라면 사막의 열기와 황량함에서 벗어나 시원함을 찾으려 는 마음이 느껴진다.

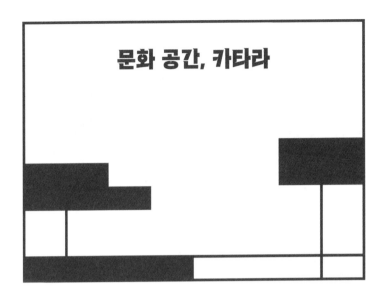

문화 공간, 카타라

카타르의 대표 종합 문화 시설인 카타라는 2010년 10월 카타르 동북부 지역에 처음 오픈했다. 공연장, 전시관, 영화관, 야외 원형 극장, 다양한 카페와 음식점, 해변 등을 갖춘 말 그대로 '종합 문화 공원'이다.

카타라에서는 연중 다양한 문화 행사가 열린다. 각종 영화제와 음악회, 오페라 등의 공연을 비롯해 해외 음식 축제 같은 행사도 열린다. 한국 문화, 즉 한류 콘텐츠의 인기로 한국 관련 문화 행사도 카타라에서 주로 열렸다.

라마단 때는 카타라 전체가 다양한 색깔과 형태의 전구로 꾸며진다. 서구 사람들이 크리스마스를 앞두고 크리스마스 장식을 해놓은 공원이나 동네를 가듯이 카타르 사람들도 라마

● 카타라

단 기간 밤이 되면 카타라를 방문해 사진을 찍고 라마단 장식을 구경한다. 또한 카타라 곳곳에 마련된 야외 음식점에서 음식을 즐긴다.

카타라에는 주요 스포츠 경기를 관람할 수 있는 공간도 꽤 많다. 해변가의 넓은 광장과 야외 원형 극장이 대표적이다. 2022 카타르월드컵 때는 카타라에서 자국 팀을 응원하는 카타르형 거리 응원을 전 세계가 지켜볼 수 있었다.

함께 생각하고 토론하기

카타르는 국제적인 교육 연구 특구인 에듀케이션시티를 조성했고 다양한 박물관을 건립하고 있습니다. 국제적인 인지도를 자랑하는 공항과 항공사도 갖추었습니다. 이런 시도를 통해 '중동의 대표 허브 국가', '중동의 대표 소프트파워 강국'이라는 이미지를 만들어가고 있습니다.

● 카타르처럼 미국과 유럽의 명문대를 대거 유치하는 정책이 교육 경쟁력을 높이는 데 도움이 되는지 생각해봅시다. 그리고 한 나라의 교육 경쟁력을 높일 수 있는 방법을 제안해봅시다.

●● 카타르에는 문화 유적지가 거의 없지만 박물관을 적극적으로 만들고 있습니다. 이처럼 한 나라의 관광 산업을 키우는 데 도움이 되는 방법을 생각해봅시다.

카타르에서 커지는 한국에 대한 관심

    최근 카타르에서는 한국에 대한 관심이 빠르게 커지고 있으며 한국의 이미지 또한 매우 긍정적이다. 카타르에서 근무하는 한국 외교관과 기업 주재원들은 "카타르 사람들의 한국에 대한 관심은 빠르게 커지고 있다", "한국의 이미지가 계속 좋아지고 있다는 게 느껴진다"라고 입을 모았다.

    한류 문화의 확산 속에서 BTS를 중심으로 K-팝의 인기가 상당하다. 내가 카타르에서 활동하던 2018~2019년에는 현지 라디오 방송에서 BTS 노래가 자주 나왔다. 또 주카타르한국대사관에서 한국 관련 문화 행사를 열 때면 많은 현지인이 방문하곤 했다.

    삼성과 LG의 스마트폰과 TV 또한 큰 인기를 끌고 있다. 재미있는 건 삼성전자와 LG전자의 프리미엄 스마트폰과 TV는 인기가 있지만 냉장고와 세탁기 같은 가전은 프리미엄 제품이 크게 인기를 끌지 못한다는 점이다. 가장 큰 이유로는 카타르 사람들은 대부분 요리와 가사 일을 직접 하지 않고 인도와 필리핀 등지에서 온 외국인 노동자들에게 맡기기 때문이다. 자신이 직접 사용하지 않을 제품이므로 굳이 프리미엄 제품을 구비할 필요가 없는 것이다. 반면 자신이 직접 사용하고 즐기는 스마트폰과 TV는 '메이드 인 코리아' 프리미엄 제품을 선호한다.

현대건설도 카타르에서 특별하게 인식되는 한국 기업이다. 현지의 유명 건축물, 석유와 천연가스 관련 플랜트를 대거 만들었기 때문이다. 도하 도심에 가장 먼저 생긴 고층 건물 쉐라톤호텔(1982년 완공)도 현대건설이 지었다. 이는 현대건설이 카타르에서 처음 진행했던 프로젝트이다. 2019년에는 카타르 국립박물관이 완공되면서 또 한 번 주목을 받았다. 현대자동차 역시 최근 다양한 고급 SUV를 선보이면서 현지인들의 관심을 많이 받고 있다.

한국 음식점에 가면 전통 의상을 입은 채 한국식으로 고기를 구워 먹는 카타르 사람들을 쉽게 볼 수 있다. 능숙하게 고기를 쌈 싸서 먹는 모습이 미소를 짓게 한다. 젓가락질을 능숙하게 하는 젊은이도 꽤 많다. 한국 음식 중 카타르 남성들은 갈비와 불고기 같은 고기류를, 여성들은 비빔밥, 떡볶이, 김밥 등을 선호한다.

카타르의 2030세대 중에는 해외에서 공부해 한국인 친구가

있는 이들도 상당하다. 한국의 위상이 높아지면서 한국에 여행
을 와봤거나 한국에 대해 공부해본 이들도 있다.

　한국을 방문한 경험이 있는 카타르 사람들은 가장 인상 깊었
던 것 중 하나로 '카페'를 꼽았다. 그들은 하나같이 "한국의 카
페 인테리어가 너무 예쁘고 세련되었다."라고 말한다. 또 "평범
해 보이는 카페도 들어가 보면 인테리어가 너무 잘되어 있어 신
기했다."라고 입을 모았다. 커피와 차를 마시며 이야기를 나누
는 게 중요한 일상인 그들에게 깔끔하고 세련된 인테리어를 갖
춘 카페가 곳곳에 있는 서울은 매력적으로 비치기에 충분했을
것이다. 참고로 카타르의 카페는 중동식 전통 인테리어를 갖춘
곳이 아니라면 상당히 단출하다. 별다른 개성도 없다. 스타벅
스, 커피빈 등은 글로벌 체인이라는 특성답게 깔끔하지만 인테
리어는 별다른 특성이 없다.

　"한국 사람들은 옷을 잘 입는다", "한국 사람들은 젊어 보
인다", "한국 사람들은 몸매 관리를 잘한다"라고 말하는 카타
르 사람도 많았다. 한국에 관심 있고 어느 정도 지식도 있기 때
문에 나오는 말이다. 심지어 아랍 음식을 즐기는 나에게 "한국
음식이 훨씬 더 건강하고 맛도 좋은데 왜 (기름지고, 향신료가 많

이 들어간) 아랍 음식을 자주 먹느냐."라고 농담 반 진담 반으로 지적하는 카타르 친구도 있었다.

"두 나라 모두 삼면이 바다로 둘러싸인 반도 국가이다."

"두 나라 모두 강대국 사이에 위치한 작은 나라지만 경제적으로 번영을 이루었다."

이와 같은 한국과 카타르의 공통점을 이야기하면 카타르 사람들은 신기해하면서도 반가워했다.

카타르 사람들에게 한국은 '다양한 스토리'를 가진 나라로 인식된다. 또 지금까지 한국과 카타르는 좋은 관계를 유지해왔다. 급변하는 국제 정세 속에서 앞으로도 두 나라는 협력하고 좋은 관계를 유지해나갈 필요가 있다. 이 과정에서 서로에 대한 지식을 넓히는 일은 꼭 필요하다고 본다. 이 책이 조금이라도 카타르에 대한 이해를 넓히는 데 도움이 되었으면 좋겠다. 그리고 카타르에서도 한국에 대한 이해를 넓혀주는 좋은 책이 나왔으면 좋겠다.

조금 개인적이며 특별한 이야기

아이를 카타르 도하에서 낳았다. 카타르와의 인연이 특별하다고 생각할 수밖에 없는 이유이다. 동시에 한국보다 불편하고 익숙하지 않은 환경에서 아이를 낳은 아내에게 미안하고 감사할 수밖에 없는 이유이기도 하다.

책을 쓰는 내내 '나중에 아이가 이 책을 읽었을 때 재미와 의미를 동시에 느낄 수 있어야 한다'라고 다짐했다. 좀 더 다양하고 중요한 정보를 담고 나아가 친절하고 편안하게 설명하려고 최선을 다했다. 아내와 함께 카타르에서 만든 추억을 짚어보며 행복한 기운을 책에 담으려고 노력했다.

이 책이 훗날 아이가 '자신이 태어난 나라'에 대해 조금이라도 더 애정과 흥미를 갖도록 하는 선물이 되었으면 좋겠다. 또한 아이가 '세계시민'으로서 글로벌하고 진취적인 삶을 사는데도 도움이 되었으면 좋겠다.

이 책을 마무리하며 아이가 태어난 나라(카타르)와 아이의 이름(도하)이 그의 삶에 좋은 스토리텔링 소재가 되기를 기대한다. 아이가 좀 더 자라면 가족이 함께하는 중동 여행을 계획하고 있다. 그 여행의 시작점은 카타르 도하가 될 것이다.

참고 자료

- Alainna Liloiaa. 《Women's Education at Western Universities in Qatar and the UAE〉, Arab Center Washington DC, 2022년
- Almaskati, Bader. 《Qatar's Nation Branding Strategies: The Effectiveness of Soft Power》, SOAS MA Dissertation, 2014
- BP. 《Statistical Review of World Energy》, 2021(70th edition)
- Brannagan, M. P. & Giulianoti, Richard. 《The Soft power-Soft disempowerment nexus: The case of Qatar》, International Affairs 94-5, 2018
- David B. Roberts. 《Reflecting on Qatar's 'ISLAMIST' SofT Power》, Brookings, 2019
- Gerd Nonneman. 《The Gulf Crisis The View from Qatar : The Qatar Crisis through the Lens of Foreign Policy Analysis》, Hamad Bin Khalifa University Press, 2018
- Marwan Kabalan. 《Is the GCC dead?》, Al Jazeera Opinion, 2018
- Mehran Kamrava. 《Qatar: Small States, Big Politics》, Cornell University Press, 2015
- Mehran Kamrava. 《Troubled Waters》, Cornell University Press, 2018
- Qatar National Vision 2030. 《General Secretariat for Development Planning》, 2008
- Zeineddin, Cronelia. 《Employing nation branding in the Middle East - United Arab Emirates (UAE) and Qatar》, Management & Marketing Challenges for the Knowledge Society 12-2, 2017
- 김강석. 《카타르 단교 사태와 틸러슨의 셔틀외교》, GCC Issue Paper 20권, 2017
- 김강석. 《카타르의 다차원적 국가브랜드 제고 전략》, GCC Issue Paper 19권, 2017
- 백승훈 황의현. 《카타르 단교 사태와 국민국가 정체성 강화에 관한 연구》, 중동연구 40권3호, 2022
- 외교부. 《카타르 개황》, 2022
- 이권형 손성현 장윤희 유광호. 《카타르를 둘러싼 외교갈등 장기화와 경제적 영향》, KIEP 오늘의 세계경제 17권 27호, 2017
- 인남식. 《대(對)카타르 단교 사태에 따른 걸프 역학관계의 변화와 향후 전망》, IFANS 주요 국제 문제 분석, 2017-26, 2017
- 인남식. 《탈레반 집권 후 아프가니스탄 내외 역학관계》. IFANS 주요 국제 문제 분석, 2021-20, 2021
- 임성수 손원호. 《중동을 보면 미래 경제가 보인다 : 낙타, 벤츠, 그리고 테슬라》, 시그마북스, 2022
- 홍미정, 김정명, 최재훈, 박천기. 《카타르의 형성과 발전》, 애틀러스, 2011
- 한국-아랍소사이어티. 《알기 쉬운 아랍 핸드북》, 생각나눔, 2017년

- 2012. 11. 15. Condé Nast Traveler, 'It's Falconry Season in Qatar'
- 2018. 09. 23. 포브스코리아, '셰이카 알 마야사 카타르 공주, 연 10억 달러 투자하는

'문화 여왕'
- 2018. 12. 24. 주간동아, '중동 小國 카타르의 '마이웨이'는 어디까지'
- 2020. 05. 02. 동아일보, '[글로벌 포커스]중동 국부펀드, 저유가에도 공격투자… IT-헬스 등 미래산업 공략'
- 2021. 02. 23. The Guardian, 'Revealed: 6,500 migrant workers have died in Qatar since World Cup awarded'
- 2021. 03. 07. Doha News, 'Qatari women 'outnumber men' at local universities'
- 2021. 10. 11. Al Jazeera, 'Qatar Petroleum changes name to Qatar Energy'
- 2021. 12. 22. Forbes, 'Qatar Built A Literal City For Education'
- 2022. 04. 02. 연합뉴스, '카타르 월드컵 마스코트 '라이브'…아랍 의상 입은 축구 선수'
- 2022. 09. 09. 매일경제, '술은 밤에만, 치안은 외국에게…카타르의 독특한 월드컵 준비'
- 2022. 09. 20. 문화일보, '2022 카타르 월드컵 앞두고 '아랍문화제' 열려'

- 2022 카타르월드컵 : www.qatar2022.qa
- 가스수출국포럼(GECF) : www.gecf.org
- 걸프협력회의(GCC) www.gcc-sg.org
- 국부펀드연구소 : www.swfinstitute.org
- 국제축구연맹(FIFA) : www.fifa.com
- 국제통화기금(IMF) : www.imf.org
- 발라드나 : www.baladna.com
- 세계은행 : www.worldbank.org
- 아디다스 : www.adidas.co.kr
- 알자지라 : www.aljazeera.com
- 온라인 카타르 : www.onlineqatar.com
- 주아프가니스탄 대한민국 대사관 : https://overseas.mofa.go.kr/af-ko/index.do
- 주카타르 대한민국 대사관 : overseas.mofa.go.kr/qa-ko/index.do
- 주한 카타르 대사관 : www.facebook.com/qatarembseoul
- 카타르 관광청 : www.visitqatar.qa
- 카타르 리빙 : www.qatarliving.com
- 카타르 박물관청 : qm.org.qa
- 카타르 월드컵 최고 유산 지원위원회 : www.qatar2022.qa
- 카타르 정부 : www.gco.gov.qa
- 카타르에너지 : www.qatarenergy.qa
- 카타르재단 : www.qf.org.qa
- 카타르항공 : www.qatarairways.com
- 하마드 국제공항 : www.dohahamadairport.com
- 현대건설 : www.hdec.kr

사진 출처

p24   ⓒ카타르가스

p28   ⓒhttps://commons.wikimedia.org/wiki/File:Soldiers_at_Military_Parade_
       on_Qatar_National_Day_on_the_18th_of_December_2018._Photo_by_Ijas_
       Muhammed_Photography.jpg

p30   ⓒ카타르축구협회

p34   ⓒ카타르월드컵 최고 유산 지원위원회

p37   ⓒ카타르월드컵 최고 유산 지원위원회

p38   ⓒ카타르월드컵 최고 유산 지원위원회

p40   ⓒ카타르월드컵 최고 유산 지원위원회

p41   ⓒ동아일보

p43   ⓒhttps://upload.wikimedia.org/wikipedia/commons/c/cd/La%27eeb_
       FIFA_World_Cup_2022_Mascot.jpg

p47   ⓒhttps://commons.wikimedia.org/wiki/File:The_Pearl_Monument.jpg

p48   ⓒ카타르에너지 홈페이지

p49   ⓒ카타르 정부 홈페이지

p55   ⓒ카타르월드컵 최고 유산 지원위원회

p57   아래 사진 ⓒvisitqatar.qa

p59   ⓒ카타르월드컵 최고 유산 지원위원회

p61   ⓒ현대건설

p77   ⓒ아랍조사정책연구원 홈페이지

p84   ⓒhttps://commons.wikimedia.org/wiki/File:Alliance_of_Civilizations_
       Forum_Annual_Meeting_Brazil_2010_-_16.jpg

p85   ⓒ카타르박물관청 홈페이지

p105   위 사진 ⓒhttps://commons.wikimedia.org/wiki/File:Camel_Race_Track_
       Qatar.jpg
       아래 사진 ⓒhttps://commons.wikimedia.org/wiki/File:Robotic_camel_
       jockey_at_Al_Shahaniya_Racetrack.jpg

p107   위 사진 ⓒiloveqatar.net
       아래 사진 ⓒhttps://commons.wikimedia.org/wiki/File:Qatar_National_
       Day_Celebration_-_Pickup_Truck.jpg

p112   왼쪽 사진 ⓒhttps://commons.wikimedia.org/wiki/File:The_Shard_from_
       the_Sky_Garden_2015.jpg)
       오른쪽 사진 ⓒhttps://commons.wikimedia.org/wiki/File:Harrods,_Lon-
       don_-_June_2009_(cropped).jpg

p114   ⓒ삼성중공업 제공

p120   위 사진 ⓒhttps://commons.wikimedia.org/wiki/File:Hamad_International_Airport_Qatar.jpg

아래 사진 ⓒhttps://commons.wikimedia.org/wiki/File:Central_Shopping_area_Hamad_International_Airport_Doha_%2814314576525%29.jpg

p122 ⓒhttps://commons.wikimedia.org/wiki/File:QR_aircraft_at_Hamad_Airport,_07-2014.JPG

p123 ⓒ카타르항공 홈페이지

p127 ⓒ현대건설

p136 ⓒ카타르월드컵 최고 유산 지원위원회

p143 왼쪽 사진 ⓒ카타르월드컵 최고 유산 지원위원회

p152 왼쪽 사진 ⓒ카타르 정부 홈페이지

오른쪽 사진 ⓒhttps://commons.wikimedia.org/wiki/File:Hamad_bin_Khalifa_Al_Thani_Senate_of_Poland.jpg

p163 위 사진 ⓒ카타르 공보부

p174 위 사진 ⓒthepeninsulaqatar.com 카타르 현지 신문

아래 사진 ⓒ걸프협력회의 홈페이지

p181 ⓒIHS에너지

p198 ⓒvisitqatar.qa

p201 ⓒqatarliving.com

p204 왼쪽 사진 ⓒhttps://commons.wikimedia.org/wiki/File:Machboos.JPG

p205 오른쪽 사진 ⓒ카타르월드컵 최고 유산 지원위원회

p206 ⓒhttps://commons.wikimedia.org/wiki/File:Arabic_coffee_with_dates.jpg

p211 ⓒ카타르월드컵 최고 유산 지원위원회

p227 위 사진 ⓒvisitqatar.qa

p228 아래 사진 ⓒvisitqatar.qa

p233 위 사진 ⓒhttps://commons.wikimedia.org/wiki/File:View_of_Lejbailat_and_State_Mosque.jpg

아래 사진 ⓒvisitqatar.qa

p237 ⓒhttps://commons.wikimedia.org/wiki/File:Aerial_view_of_Aspire_Academy_and_Al_Aziziyah_Boutique_Hotel_in_Baaya.jpg

p242 ⓒ카타르월드컵 최고 유산 지원위원회

* 출처 표기 없는 사진은 저자가 직접 촬영한 사진입니다.